Karl Julius Weber
Reise durch das Großherzogtum Baden

Heiligenberg

Karl Julius Weber

Reise durch das Großherzogtum Baden

Vorwort von Franz Georg Brustgi
Erläuterungen zu den Illustrationen
von Rudolf Henning

J. F. Steinkopf Verlag Stuttgart

Dieser Band, »Reise durch das Großherzogtum Baden«, folgt der 1826 ohne Verfasserangabe erschienenen Erstausgabe von Karl Julius Webers Werk: Deutschland oder Briefe eines in Deutschland reisenden Deutschen, 1. Band, und enthält die das Großherzogtum Baden betreffenden Briefe ungekürzt (21.–29. Brief).
Die einleitenden Briefe über Deutschland allgemein (1.–9. Brief) und die Briefe über das Königreich Württemberg (10.–20. Brief) sind enthalten in dem Band: Karl Julius Weber, Reise durch das Königreich Württemberg, J. F. Steinkopf Verlag, Stuttgart 1978.

Weber, Karl Julius:
Reise durch das Großherzogtum Baden/Karl Julius Weber. Vorw. von Franz Georg Brustgi. Erl. zu d. Ill. von Rudolf Henning. – Stuttgart: Steinkopf, 1979.
Einheitssacht.: Deutschland oder Briefe eines in Deutschland reisenden Deutschen.
Teilausg. d. Orig.-Werks.
ISBN 3-7984-0399-6

Bilder auf dem Schutzumschlag:
Vorderseite: Karlsruhe, Marktplatz, Ansicht von Süden, kolorierter Stahlstich von Chapuy und Outhwaite, ca. 1840;
Rückseite: Karlsruhe, Schloß mit Schloßplatz, Ansicht von Süden, kolorierter Stahlstich von Thümling, ca. 1850.
Reproduktionen mit freundlicher Genehmigung nach Vorlagen aus dem Stadtarchiv Karlsruhe.
Die in dem Band wiedergegebenen Stiche sind entnommen aus: Eugen Huhn, Das Großherzogthum Baden in malerischen Original-Ansichten…, Darmstadt 1842–1850, mit freundlicher Genehmigung der Württembergischen Landesbibliothek Stuttgart.
Reproduktionen: SM Litho Team, Wolfschlugen
Satz und Druck: studiodruck, 7440 Nürtingen-Raidwangen

ISBN 3 7984 0399 6

Inhalt

Karl Julius Weber: Leben und Werk
Vorwort von Franz Georg Brustgi 9

Einundzwanzigster Brief
Das Großherzogtum Baden 26

Zweiundzwanzigster Brief
Das Neckartal und die Neckarfahrt 47

Dreiundzwanzigster Brief
Heidelberg, Mannheim, Schwetzingen 64

Vierundzwanzigster Brief
Streifereien im Main- und Tauberkreis 101

Fünfundzwanzigster Brief
Karlsruhe und Rastatt 128

Sechsundzwanzigster Brief
Baden und das Murgtal 163

Siebenundzwanzigster Brief
Die badische Bergstraße und der badische
Schwarzwald 180

Achtundzwanzigster Brief
Der Bodensee 204

Neunundzwanzigster Brief
Die Fortsetzung 243

Erläuterungen zu den Illustrationen
von Rudolf Henning 267

Verzeichnis der Abbildungen/Ortsregister 271

Verzeichnis der Künstler 272

Anmerkungen des Verlags:
Die Orthographie wurde dem heutigen Gebrauch angenähert; um aber Eingriffe in den Stil des Originals zu vermeiden, wurden Diktion und Interpunktion weitgehend beibehalten.

Gez. v. K. Corradi

Stahlst. v. C. M. Kurz

AACH

Karl Julius Weber
Leben und Werk

Karl Julius Webers erster Biograph – wahrscheinlich sein Jugendfreund, Sirach genannt, vielleicht aber auch sein Bruder, der Geograph Heinrich Benedikt Weber –, der »diesem Manne während seines ganzen Lebensganges nahe gestanden«, berichtet uns, daß schon der Öhringer Gymnasiast »allerlei Reisebeschreibungen, so viel er derer habhaft werden konnte«, gelesen habe. »So bildete sich ohne Zweifel«, fährt er fort, »schon damals in ihm der Keim zu einer Reiselust, die ihn nachher beinahe durch sein ganzes Leben begleitete... Bis in seine 60er Jahre hinein machte er in jedem Jahr eine größere Reise, teils zu Fuß, teils mit dem Postwagen; einige Monate nach Paris und eben so lange nach Wien. Er bereiste das ganze südliche Deutschland, einschließlich Tirols..., durchwanderte Schlesien und Böhmen, besuchte die berühmten Bäder und verweilte mit besonderer Liebe eine Woche in dem altertümlichen Prag, besuchte öfters sein liebes Nürnberg, sowie Frankfurt und Mainz... Jedesmal kam er heiter, an Körper und Geist gestärkt, von seinen Ausflügen zurück... Da er überall fleißig und scharf beobachtete, wurde er der Mann, der das beste und umfassendste neuere Werke über Deutschland schreiben konnte.«

Er wurde 60, bis er sein 4bändiges Werk: »Deutschland oder Briefe eines in Deutschland reisenden Deutschen« veröffentlichte, – anonym, wie die drei vorangegangenen, mehr subjektiv und satirisch gebotene als historisch-objektive Darstellungen: »Die Möncherei«, »Das Ritterwesen« und »Das Papsttum«. Auch der nachgelassene »Demokritos oder hinterlassene Papiere eines lachenden Philosophen«, erschien 5bändig 1832/1835 ohne Namen des Verfassers; zuletzt hat F. W. Hendel den »Demokritos« 1927 in neuer Anordnung herausgegeben. »Dieses Menschen- und Lebensbuch, ein anthropologisches Werk in der weitesten Bedeutung, hat Weber berühmt gemacht und vollwertig in den Rang eines Schriftstellers von Weltgeltung erhoben«, urteilt Rudolf Schlauch; und über die Deutschland-Briefe: »Ohne Lobhudelei dürfen wir sein umfangreiches 4bändiges »Deutschland oder Briefe eines in Deutschland reisenden Deutschen« als Nationalwerk bezeichnen... Geistreich, meisterhaft, mit Herz und con amore geschrieben.«

Weber selbst bezeichnet die Briefe als »eine Reise um die deutsche Welt«. Das für seine Zeit einzigartige Werk fand allgemeine Anerkennung, und noch heute, nach fast eineinhalb Jahrhunderten, sind Karl Julius Webers Reiseschilderungen lesenswert und kulturhistorisch interessant; ganz abgesehen von der Originalität der Darstellung. Ein universell gebildeter, freier Geist plaudert im leichten, lebendig-anschaulichen Ton des Feuilletonisten. Heiter, offen und dreist wird hier alles betrachtet und über Dinge, Mensch und Welt philosophiert und geurteilt, bald mild und klug, bald angreiferisch rücksichtslos. Immer aber reizvoll, in kräftigen Farben, geistreich, voll Witz und Spottlust – und mit dem skeptischen Lächeln des Weisen. Der ausgeprägte Sinn des Humoristen und Satirikers für das Kleine und Nebensächliche und darum besonders Augenfällige zeigt sich in der Neigung zu Anekdoten, die bald liebenswürdig, bald mit kritischem Humor oder beißend spottend erzählt und mitunter durch pikante Erotika gewürzt sind.

Weber nennt einmal den Humor »die Verschmelzung des Komischen mit dem Ernsten und Rührenden«. Wer sich in sein Werk und im besonderen in den »Demokrit« vertieft, wird bei allem Spotten und Lachen den Ernst auf seinem dunklen Grunde nicht übersehen. Die Erfahrungen, die er in seinem Leben machte, bargen genug an menschlichen Unzulänglichkeiten, Enttäuschungen und harten Schicksalsschlägen, und es brauchte ein ganzes Leben, bis er zum lachenden Philosophen wurde, der in seinen hinterlassenen Papieren das Fazit zieht: »Sagt, was hätten wir arme Schelme vom Leben, wenn wir unsere Torheiten

Gez. v. K. Corradi

Stahlst. v. J. Umbach

BADENWEILER

nicht belachen dürften? Da wir einmal das Eintrittsgeld in die Welt bezahlt haben, ob sie gleich nicht das beste Theater ist, so laßt uns auch lachen.

Mein Haus ist bestellt, meine Posthuma geordnet... Ich hoffe, daß unser Dasein nur die Einleitung zu einem größeren, besseren Werk sein soll und bin deshalb, wenn sich dieses Leben schließt, entschlossen, in den Sarg zu steigen, den Freund Hein öffnet.

Ich habe einige Freunde, von denen ich glaube, daß sie mich nicht vergessen werden... Wenn sie mich überleben (was noch nicht so ausgemacht ist), werden sie meinen Hügel besuchen. Wollen sie etwas tun, so will ich mich jetzt erklären, wo ich's noch kann. Sie mögen meine Lieblingsblume, eine Rose, auf den Hügel pflanzen... Wollen sie aber durchaus mein Grab mit einem Stein beschweren, so sei ihnen auch dies gestattet; sie mögen meine Lieblingsgrabschrift darauf setzen, die sie kennen:

Hier liegen meine Gebeine,
Ich wollt', es wären deine.

Halten sie aber eine gelehrte lateinische für einen Gelehrten anständiger, so sei es nachstehende:

Vergnügt, nicht gottlos habe ich gelebt;
In Ungewißheit sterb' ich, nicht in Angst,
Nichtwissen und Irren ist menschlich;
Wesen aller Wesen, erbarme dich meiner!«

Was war das für ein eigenartiger Mann, der so dachte und schrieb? Was für ein Lebenslauf, was für ein Schicksal war es, das ihn, der ein Hagestolz blieb, sich in eine Bibliothek mit 11000 Büchern zurückziehen ließ, von denen er jedes mindestens ein Mal gelesen hatte, er, der am Ende zum lachenden Philosophen wurde?

Karl Julius Weber ist am 16. April 1767 in dem ehemals hohenlohischen Residenzstädtchen Langenburg geboren, wo sein Vater fürstlicher Rentmeister war. Webers anonymer Biograph schildert den Vater als einen Mann »von kräftiger Natur, gesundem Verstand und einfachem, geradem und strengrechtlichen Charakter, ohne wissenschaftlichen Sinn und ohne Weltbildung, zugleich von heftiger Gemütsart.« Die Mutter war »eine nach Kopf und Herz vortreffliche, durch elterliche Erziehung und einige Lektüre gebildete und mit allen Eigenschaften einer guten Hausfrau und Mutter ausgerüstete Frau, die durch ihren klaren Verstand, ihr ruhiges Gemüt, ihre sittliche Kraft und Haltung manche einseitige und heftige Richtungen ihres Mannes auszugleichen oder wieder gut zu machen wußte.« Webers Biograph hat den Schüler, der das Öhringer Gymnasium besuchte, so charakterisiert: »Er war von gediegener und fester Leibeskonstitution, seine Physiognomie war regelmäßig und ausdrucksvoll, nur, vorzüglich in seinen späteren Jahren, durch ein zu starkes und angestrengtes Geistesleben sehr gespannt und zu scharf markiert. Eine hohe Stirn, eine spitzig auslaufende Nase, ein fein gebildeter, zu spöttischem Lächeln stets bereiter Mund, feurige braune Augen und eine gewöhnlich sehr lebhafte und starke Stimme ließen den kräftigen und feurigen Geist Webers leicht erraten. Er galt sehr bald für einen besonders hoffnungsvollen, gescheiten und geschickten Knaben.«

Weber bezog 1785 zum Studium der Rechtswissenschaft die Universität Erlangen. Bei seinem grenzenlosen Wissensdrang – alte Sprachen, Geschichte und Geographie interessierten ihn am meisten – gingen seine Studien weit über die juristische Disziplin hinaus. Die französischen Enzyklopädisten Voltaire, Diderot und Helvetius konnte er bald fließend lesen. Zur deutschen spekulativen Philosophie Kants, Fichtes und Schellings fand er nie den rechten Ernst. »Als schon ziemlich ausgebildeter theoretischer Jurist und philosophischer Skeptiker« verließ er 1788 die Erlanger Universität und kehrte für ein Jahr zur Mutter nach Langenburg zurück. Dort geriet er wieder, wie schon während seiner Gymnasialzeit, in den beklemmenden Machtbereich des unduldsamen Hofpredigers. Der Mangel an je-

Gez. v. K. Corradi — Stahlst. v. Joh. Poppel

NEU BIRNAU & SCHLOSS MAURACH

dem geistig höheren, freien Umgang in der spießbürgerlichen Enge des kleinstädtischen Wesens erregte den Widerwillen des mit einem entschiedenen Unabhängigkeits- und Weltsinn ausgezeichneten jungen Mannes. Er verlangte nach einem freieren und weiteren Lebenskreis.

Schon in Erlangen hatte er den Gedanken erwogen, sich um einen Lehrstuhl der juristischen Fakultät zu bemühen. In dieser Absicht begab er sich 1789 an die Universität Göttingen. Obwohl er sich die Wertschätzung und Gunst mehrerer Professoren erwarb, gelang es ihnen nicht, Weber zu einer Professur zu verhelfen. Diese Zurücksetzung und Kränkung lähmte ihn dermaßen, daß seine Gesundheit ernstlich bedroht und er nahe daran war, einer Gemütskrankheit zu verfallen. Er wünschte sich, wie er verbittert schrieb, »aus dem Lande der Kartoffeln und Würste, des Schnapses und der Kompendien sehnlich hinweg«, und ein glücklicher Zufall kam seinem Wunsch entgegen.

Durch Vermittlung erhielt er im Hause eines reichen Lyoner Bankiers in Bougy, nahe am Genfer See, eine Hauslehrerstelle; »das damals übliche Wartegleis für alle, die große Hoffnungen und geringe Aussichten hatten«, schrieb Weber später. In dem herrlich gelegenen Landhaus herrschte ein äußerst elegantes, leichtbeschwingtes französisches Gesellschaftsleben, so daß die zwei Jahre für ihn in mancherlei Beziehung zu einem bleibenden Gewinn wurden. Er eignete sich freiere und feinere Umgangsformen an, erwarb größere Menschen- und Weltkenntnis und lernte durch häufige Reisen mit der Bankiersfamilie Großstädte wie Genf, Lausanne, Zürich, Lyon und Paris kennen. Das von der Revolution bewegte Paris machte auf ihn einen bedeutenden Eindruck, und er zehrte, wie er sich später ausdrückte, »mehrere Jahre lang von der Ideenmasse, welche diese Revolution auf ein Jahrhundert hinaus in die politische Welt geschleudert hat.«

Am Ende seiner Hauslehrertätigkeit in Bougy reiste er, häufig zu Fuß, einige Monate durch Südfrankreich und die Schweiz. Nach seiner Rückkehr in die Heimat trat der

25jährige die Stelle eines Privatsekretärs bei dem regierenden Grafen Christian von Erbach-Schönberg an, dem kurfürstlichen Geheimrat und Statthalter des Deutschmeisters, in der Residenz des Deutschen Ritterordens in Mergentheim. Der greise Graf, »ein edler, heiterer und welterfahrener Mann, frei von manchen Vorurteilen seiner Zeit und seines Standes, von leichtem Sinn und leichteren Manieren«, behandelte den jungen, geistreichen Mann von der ersten Begegnung an wie einen vertrauten und geschätzten Freund und verlieh ihm Titel und Rang eines Hof- und Regierungsrates. In dieser weltoffenen, geistigen Atmosphäre bekam Weber endlich Gelegenheit, seine Kräfte zu entfalten und bei genügend freier Zeit seinen privaten Liebhabereien nachzugehen. Zu den Dienstobliegenheiten des Hofrats Weber, die sehr abwechslungsreich waren, gehörte die Erledigung der Geschäftskorrespondenz; an der Tafel, an der sich in buntem Wechsel illustre Herrn des Adels und der Kirche zusammenfanden, hatte er die Unterhaltung mit pikantem Witz und geistreichen Einfällen zu würzen.

Den für Weber interessantesten und anregendsten Abschnitt des Hofdienstes bildete die Zeit des Rastatter Kongresses von Dezember 1797 bis April 1799, zu dem der Graf als Bevollmächtigter des Kölner Kurfürsten und des Deutschmeisters entsandt worden war. Durch mancherlei wertvolle Verbindungen, besonders zum französischen Gesandten Bonnier, hatte Weber sogar die Aussicht, durch eine Stelle im Auswärtigen Amt in den französischen Staatsdienst zu kommen. Der zweite Koalitionskrieg vereitelte dies. Trotzdem schätzte er seine »Kongreßfrüchte« nicht gering ein. Er hatte in gesellschaftlicher wie in politischer Hinsicht Einblick in die »große Welt« bekommen, in Rastatt, Straßburg und im mondänen Baden-Baden manche reizvollen Freuden genossen und bei seinen durch Diäten wesentlich erhöhten Einkünften auch den Grundstock zu einem für seine Verhältnisse nicht unbedeutenden Vermögen gelegt, das ihm später ein langjähriges, unabhängiges Leben als Privatgelehrter gesichert hat.

Gez. v. K. Corradi

Stahlst. v. J. Riegel

BODMANN

Als der Graf kurz nach seiner Rückkehr aus Rastatt starb, wurde Weber erster Hofrat der Grafschaft Erbach-Schönberg mit Dienstsitz in Bad König im Odenwald. 1802 wechselte er in den Dienst des Hauses Isenburg-Büdingen am Rand der Rhön. Man hatte Weber große Hoffnungen gemacht, doch nach einer mißglückten Kavaliersreise mit dem Erbgrafen sah alles anders aus. Beleidigende Zurücksetzung, Schikane und Intrige ließen ihn nur noch an eines denken: »aus dem armseligsten Aristokratenloch wegzukommen«. Mit einer Abfindung zog sich der Hofrat mit 37 Jahren ins Privatleben zurück.

Weber fand in der Familie seiner Schwester, die mit einem freiherrlich-berlichingschen Beamten verheiratet war, einen dauernden Aufenthalt. Nach einer vierwöchigen Erholungsreise an den Rhein lösten die erlebten Enttäuschungen und an die Ehre gehenden Kränkungen einen seelischen Zusammenbruch aus. Im »Fragment meines Lebens 1802–1804« schreibt Weber: »Ich war nicht gefangen dem Leibe, aber dem Geiste nach, durch Mißgeschick, Einsamkeit und Umgebungen von kleindenkenden, ja geist- und herzlosen Menschen und verfiel in eine dreimonatige Gemütskrankheit, aus der mich ein erfahrener Arzt, Freunde, Zeit und ländlicher Aufenthalt retteten... Im seligen Gefühl der Freiheit, in dörflicher Stille, unter Freunden, Büchern und unschuldigen Kindern erwachte ich wieder zum Leben und vergaß die Untaten der kleinen Aristokraten.« Zu seiner eigenen und wie er selbst sagt, »moralischen Läuterung« begann er »das Schmerzenskind jener Periode«, den »Demokritos«, niederzuschreiben.

Allein den Büchern und Wissenschaften hingegeben lebte er in den achtundzwanzig Jahren seiner Zurückgezogenheit bis 1809 in Jagsthausen, dann in Künzelsau und in seinen beiden letzten Lebensjahren in Kupferzell, wo er 65jährig am 20. Juli 1832 starb und begraben liegt. Diese Zurückgezogenheit hat er nur zu seinen Reisen unterbrochen. Zudem vertrat er – recht erfolgreich – in den Jahren 1820 bis 24 das Oberamt Künzelsau im ersten Landtag des

Königreichs Württemberg. Eine Wiederwahl lehnte er ab. In seiner reichhaltigen Bibliothek aber mußte der unermüdliche Weber schreiben, um nicht immer bloß zu lesen, mußte sein einförmiges und ziemlich einsames Leben durch planmäßige literarische Tätigkeit würdig erfüllen und erheitern. Daß sein Stil leicht und unterhaltsam, flüssig und lebendig ist, dafür sorgt schon sein Esprit und sein Humor. Zweifellos gab es zu seiner Zeit nicht gleich einen Privatgelehrten und Schriftsteller, der über eine so vielseitige Literaturkenntnis, eine so umfassende Polihistorie, eine solche Beherrschung fremder Sprachen verfügte wie Karl Julius Weber. Er ist ein typischer Vertreter des Aufklärungszeitalters, und seine Vorliebe für französische Geisteskultur ist nicht zu verkennen. Neben Lichtenberg gehörten Montaigne, Voltaire, Diderot zu seinen Lieblingsschriftstellern. Seine Individualität war aber so stark und originell geprägt, daß alles, was er an geistesverwandtem Fremden aufnahm, den unverwechselbaren Stempel seines Geistes und seiner Persönlichkeit aufgedrückt bekam. Sein Denken, seine Weltansicht, sein äußeres Benehmen zeigen oftmals zuviel Überhebliches, Eigensinniges, Derbes und Schroffes; doch ohne diese schwierigen, die Ausgeglichenheit störenden Seiten seines Temperaments wäre er eben nicht der, der er ist. Das Komische, Lächerliche, zu scharfem Witz, zu Spott und Satire Reizende fiel ihm überall zuerst in die Augen. Daneben darf aber nicht verkannt werden, daß er bei seiner Menschen- und Weltbetrachtung wie in seinem persönlichen Leben von festen und klaren moralischen Prinzipien geleitet war. Moral und Religion hingen in seinem Denken und Gemüt eng zusammen. Alle dogmatisch-unduldsame Scheinreligion, alles Frömmelnde war ihm tief zuwider. Er war kompromißlos in der Scheidung von Wahrhaftigkeit und Verlogenheit. So wird sehr wohl begreiflich, daß er an der Sittengeschichte besonders interessiert war und nach seinen eigenen Erlebnissen mit Adel und Geistlichkeit in oft grimmiger und sarkastischer Weise zu Felde zog.

Gez. v. R. Corradi | Stahlst. v L. Rohbock

BONNDORF

Das Geistvolle, anregend Unterhaltende, immer eine prickelnde Atmosphäre Schaffende ist in allem, was er schrieb, am meisten im »Demokrit« und in seinen »Briefen eines in Deutschland reisenden Deutschen«.

Es ist etwas gutzumachen an unserem lachenden Philosophen, einem der geistreichsten, humorvollsten und satirischsten Köpfe, deren die deutsche Literatur ohnehin nicht viele aufzuweisen hat. Wir glauben, die Neuausgabe der Reiseberichte, wenigstens über das Königreich Württemberg, das Großherzogtum Baden und das Königreich Bayern, dem zu Unrecht Vergessenen schuldig zu sein – aber auch allen Zeitgenossen, die noch einem freien Geist, einem spritzig-saftigen Wort und einem befreienden Lachen aufgeschlossen sind.

Franz Georg Brustgi

Einundzwanzigster Brief.

Das Großherzogtum Baden

Das Großherzogtum Baden kann man mit noch mehr Recht das Eden Deutschlands nennen, als Württemberg. Das schöne Neckartal kommt nicht gleich dem herrlichen Rheintal, und Baden ist fast ganz Rheintal von Basel bis Mannheim. Und nun noch der göttliche Bodensee, das idyllische von Hebel besungene Wiesental, die Täler des Neckars, der Kinzig, Elz, das wenig bekannte Wutach- und Albtal, der Schweiz gegenüber, und das Arkadien Badens, das malerische Murgtal. Aber – aber der Rhein ist ein so schlimmer Grenznachbar als der in Menschengestalt, reißend, voll Kiesbänke und Inseln, stets echt gallisch wechselnd bald links bald rechts mit Überschwemmungen und Abreißungen. Er hat schon ganze Dörfer fortgeführt, wie Dettenheim, und macht dabei noch solche Schlangenwendungen, daß allein von Kehl bis Mannheim die fünfundzwanzig Meilen auf fünfzehn gebracht werden könnten. Baden ist eine der Vormauern Deutschlands gegen Frankreich und hat keine Festung! Mannheim, Philippsburg, Altbreisach und Kehl sind nicht mehr!

Das Großherzogtum dehnt sich zwischen Rhein und Schwarzwald, Bodensee und Neckar, von der Schweizer Grenze bis zum Einfluß des letzteren in den Rhein und bis Wertheim am Main in einer Länge von sechzig Meilen, und die größte Breite von Basel bis Konstanz mag zwanzig betragen. Es hat die Gestalt eines gefüllten Quersackes oder einer Blutwurst – oben und unten voll, in der Mitte aber so schmal, daß in der Gegend der Murg die Breite kaum acht Stunden betragen wird. Das Land ist mehr bergig als eben, der Schwarzwald nimmt beinahe den dritten Teil hinweg, und auch der Odenwald greift stark ein, aber im Ganzen hat es ein herrliches Klima, fruchtbaren Boden, Acker-, Wein- und Obstbau, treffliche Waldungen und schiffbare

Gez. v. R. Höfle — Stahlst. v. Joh. Poppel

TOTALANSICHT VON BADEN-BADEN

H. Schönfeld gez. Stahlst. v. J. Poppel

RUINE EBERSTEINBURG BEI BADEN

Gez. v. R. Höfle. Stahlst. v. Joh. Poppel.

SCHLOSS EBERSTEIN BEI BADEN BADEN

NEUERE ANSICHT

Gez. v. H. Schönfeld — Stahlst. v. J. Poppel

DAS ALTE SCHLOSS BADEN BADEN

Gez. v. R. Höfle

Stahlst. v. Joh. Poppel

DIE TRINKHALLE ZU BADEN BADEN

Flüsse; es ist eine Lust durch badische Dörfer zu reisen. Baden darf sich wohl mit dem schwäbischen Nachbar messen, wenn es gleich nur den bescheideneren Titel Großherzogtum führt und weniger bevölkert ist. Es gibt auch Übervölkerung, und Bevölkerung ist zwar stets Probierstein einer guten Regierung und eines behaglichen Daseins, aber umgekehrt ist schlechte Bevölkerung nicht immer Zeichen schlechter Regierung, denn physische und moralische Ursachen können der Regierung in Weg treten, wie in Brandenburg und Mecklenburg die vielen Seen, in Hannover die Heiden und in Österreich die Alpen. Robespierre und seine blutigen Jakobiner sagten: *il y a deux millions de trop en France und guillotinierten!*

Badens Haupt-Erzeugnisse sind: Wein, Hanf, Getreide, Holz, Tabak, Raps, Krapp, Obst, Kirschengeist etc. Das Oberland ist fruchtbarer als das Unterland und nichts übertrifft die Rheinpfalz. Der Markgräfler Wein sticht alle Neckarweine herunter, der weiße von Nöteln, Badenweiler, und der rote Affentaler und Grenzacher, die gar häufig als Burgunder getrunken werden. Sie haben große Verehrer, hatten aber sonst noch weit größere in den Prälaturen Schwabens und Bayerns. Im Dreisamkreis oder Schwarzwald ist der stärkste Hüttenbau auf Eisen, Blei, Kupfer und auch etwas Silber. Im Jahr 1810 berechnete man den Silber-Ertrag auf 590 Mark, unbedeutend aber ist die Goldweide oder das Rheingold, das im Jahr 1823–24 etwa 10000 fl. betrug. Alles Rheingoldwaschen bringt nur mit Mühe eine recht schwere Ordenskette des goldenen Vlieses zustande und es steht damit, wie mit dem Golde Arabiens so, daß keine große Entsagung dazu gehört in das Kirchenlied einzustimmen: »Weg mit dem Gold Arabiens!« Im Bergbau, wie im Fabrikwesen scheint noch mehr getan werden zu können und vielleicht auch im Handel bei der glücklichen Lage zwischen Schweiz, Rhein und Frankreich; selbst in der Viehzucht, vorzüglich Pferde- und Schafzucht steht Baden hinter Württemberg, und Salz muß es vom Ausland nehmen.

Baden ist ein gesegnetes Land, das alles hat, was der Mensch braucht, um reich, glücklich und zufrieden zu sein, denn es ist die andere Hälfte des schönen gesegneten Elsaßes. Und ist der Mensch zufrieden? Ich habe die Badner klagen gehört, aber wo klagt man nicht nach dem langen Kriege mit seinen Folgen? Man würde zufriedener sein, wenn man die Gegenwart mit der Vergangenheit, und nicht mit dem Ideale, und Deutschland mit dem Auslande vergleichen wollte. Alle, die über Auflagen schreien, sollte man nach England schicken. Die gesprächige Unzufriedenheit ist ein Zeichen liberaler Regierung – der Sklave schweigt. Es ist noch nicht ausgemacht, ob eine Regierung von Vertrauen oder Mißtrauen ausgehen soll? Jenes System hatte Nestor Karl Friedrich, dieses der verstorbene König Württembergs. In der Theorie scheint jenes das Bessere, das auch die größtmögliche Vereinfachung erlaubt, in der Praxis aber dieses vorzuherrschen, denn die beste Definition der Menschenkenntnis ist leider: Zweifel an Tugend und Redlichkeit. *Le Monde ne va ni ne vient, il ne fait que tourner!*

Offenbar hat die Nähe Frankreichs auf die Bewohner Badens eingewirkt, die mir gewandter schienen denn andere Schwaben und auch gegen den Namen feierlich protestieren. Sie sind auch in der Tat mehr Ober-Rheinländer und Breisgauer, da Schwaben erst mit dem Schwarzwalde beginnt, ungezwungener, verbindlicher und von mehr Welt, wie Franzosen; selbst ihre Sprache ist reiner. Offenbar hat die lange treffliche Regierung Karl Friedrichs (1746–1811) Einfluß gehabt auf Ordnungsgeist und Privattugenden. Der Nestor und das Muster deutscher Fürsten sagte einst nicht ohne Seitenblick auf den deutschen Nachbar: »Ich tue alles, um mein Land emporzubringen und es will nicht gelingen, andere tun alles, um das ihrige zu ruinieren und es will nicht gelingen, es muß eine höhere Hand im Spiele sein!« Er dachte wie Cyrus »meine Untertanen bewahren meine Schätze,« was nicht so romanhaft ist, wie manche Finanzkammern zu glauben scheinen!

Gez. v. R. Höfle

Stahlst. v. L. Rohbock

ALTBREISACH

Die badischen Länder, ein Teil Alemanniens, hatten im zehnten Jahrhundert eigene Grafen, zuletzt aus dem herzoglichen Hause Zähringen, verwandt mit Teck und von diesen stammen die Markgrafen ab. Graf Berthold heißt in Urkunden Grav im Brisgau, und sein zweiter Sohn Hermann führte zuerst den Titel: Markgraf von Baden (1074) von seiner Burg Baden. Die Familie teilte sich 1482 in die Hochbergische und Saussenbergische Linie und 1527 in die Durlachische und Badische, die 1771 auch ausstarb. Die Schuldenlast dieses kleinen, der größten Verschwendung und Bigotterie, Pfaffen, Mätressen und Hofschranzen hingegebenen Höfchens von Baden-Baden übertraf fast den Wert der Erbschaft, aber der Himmel gab dem Lande in Karl Friedrich einen Regenten, wie es wenige gibt. Er besiegte alle Schwierigkeiten und selbst die traurigen Religions-Vorurteile seiner Katholiken, so traurig als die geographischen Schwierigkeiten, wo man bald auf ein badisches Fleckchen, denn auf ein Speierisches oder Österreichisches und Straßburgisches – und dann wieder auf ein Badisches und endlich auf reichunmittelbare Abteien, Städte und Dörfer stieß – überall *Liliput!*

Baden kam vor 1771 nur wenig in Betrachtung, und nach der Vereinigung zählte es 65 Quadrat-Meilen mit 200 000 Seelen und 2,5 Millionen Einkünften. Jetzt hat das Großherzogtum 272 Quadrat-Meilen, eine Million Menschen und acht Millionen Einkünfte. Kein deutscher Staat hat sich verhältnismäßig so vergrößert! Die Ausgaben werden sich mit der Einnahme ziemlich ausgleichen und die Staatsschulden zwischen dreizehn und vierzehn Millionen stehen. Die Markgrafschaft aber hatte gar keine Schulden! Der weise Nestor, der 1805 die Königswürde ablehnte, starb 1811, betrauert von Baden und dem ganzen deutschen Vaterlande. Gleich nach dem allgemeinen Frieden hing Badens Daseins an einem Haare: Bayern hatte für seine Abtretungen an Österreich noch Entschädigungen anzusprechen und suchte solche auf Kosten Badens. An Bayern sollte der Main- und Tauberkreis und die Pfalz kommen, an Österreich das Breisgau, und die Grafen Hochberg nicht sukzessionsfähig sein – Rußland rettete Baden.

Das Großherzogtum ist in sechs Kreise (ehemals neun, wie Württemberg zwölf! Möchten solche wohltätige Reduktionen, und nach dem höheren Titel gemachte Staatsanstalten auch auf andere Dinge sich verbreiten!) geteilt: 1) Pfinz- und Murgkreis, 2) Kinzig-, 3) Dreisam- und Wiesen-, 4) See- und Donau-, 5) Neckar-, 6) Main- und Tauberkreis. Leider besteht fast der ganze letztere Kreis aus standesherrlichen Besitzungen der Fürsten und Grafen von Leiningen, Löwenstein, Salm-Krautheim – im Süden Fürstenberg, von der Leyen, die Markgrafen v. Baden wegen Zwingenberg, und eine Menge grundherrlicher Güter. Baden zählt acht Standesherrn und einundachtzig Grundherrn mit etwa neunzig Quadrat-Meilen und 300 000 Seelen! Das Großherzogtum hat ständische Verfassung und die Stände, oder wie es Mably nennt: *le systeme des Contreforces* haben sich freimütiger gezeigt denn anderwärts, als Männer und Patrioten gehandelt. Das Kontingent beträgt 10000 Mann, wovon 6 000 stehend sein mögen. Sobald die Armee nicht das Kontingent übersteigt, läßt sich nichts sagen, obgleich der Grundsatz höchst ersprießlich wäre: Stehende Truppen kleinerer Staaten, die in der glücklichen Lage sind, keine politische Rollen zu spielen, sind nur Pflanzschule die Landwehr zu organisieren – bloße *Cadres.* Bis zum berühmten Siècle de Louis XIV. gab es nur kleine Armeen, die mit großen Männern an ihrer Spitze große Dinge taten.

Am besten versöhnen Orosius Worte mit dem stehenden Heere: *»majores nostri bella gesserunt, nos tributa dependimus, ne bella patiamus!«*

Badens Held ist Markgraf Louis († 1707), der gegen Franzosen und Türken die K.K.Völker anführte, in 26 Feldzügen, 25 Belagerungen und 13 Schlachten, stets siegreich. Er baute das schöne Schloß zu Rastatt und ruhet zu Baden. Ein früherer Held des 30jährigen Kriegs, der viel Jammer über Baden brachte, war Markgraf Georg Friedrich, der eine Armee von 15 000 Mann zusammenraffte

Gez. v. L. Rohbock

Stahlst. v. F. Foltz

BROMBACH AN DER TAUBER

und im Bunde mit Kurpfalz Österreich zu bekriegen wagte. Tilly schlug ihn 1622 bei Wimpfen, denn die heilige Jungfrau, die K. Ferdinand II. seine Generalissima nannte, schwebte sichtbar über dem Heere Österreichs, wie Caraffa erzählt und leitete, wie bei Homer Minerva die Speere, die Kugel, welche des Ketzers Pulverwagen in Brand setzte! Badens Fürsten zählen auch einen Heiligen, Bernhard II., † 1458. Auf seinem Grabe geschahen Wunder, der Papst sprach ihn selig und auf einer Münze ist er abgebildet mit dem badischen Panier und einem heiligen Schein. Die Hausfarben rot und gelb sind wie gemacht dazu, Bernhard der einzige mir bekannte Ritter mit einem heiligen Schein – Nestor Karl Friedrich bleibt aber doch die wahre Zierde Badens und der wahre Held und Heilige!

In Baden sieht es recht helle aus und Baden gab vor kurzem das Beispiel, daß eine ganze Gemeinde samt adeligen und geistlichen Hirten von der katholischen Kirche zur protestantischen überging. Noch erfreulicher sind in Baden, so wie in Württemberg, Hessen-Darmstadt und in der Schweiz die Hilfsvereine zu tätiger Unterstützung der Griechen, wenn auch gleich kein christlicher Staat als Staat den Unglücklichen Beistand geleistet hat. Man findet recht gute Erziehungsanstalten, zwei Universitäten Heidelberg und Freiburg und das treffliche Gymnasium zu Karlsruhe. Ob es nicht tunlich wäre, beide Universitäten zu vereinen? Eine Universität wäre genug, hat ja Württemberg auch nur eine Hochschule. In ganz Baden reist sich's höchst angenehm – überall Wohlstand, reinliche Dörfer und Gasthöfe und überall hübsche Gesichter, vorzüglich in und um Freiburg. Sie lächeln? Nun ja! Ich verstehe unter hübschen Gesichtern zunächst Mädchen – und bin der ernsten Meinung, daß der Reisende solche so gut berühren dürfe, als schöne Pferde, Hornvieh und Schafe. Meister Büsching geht zwar darüber hinweg, aber er war der Theologen einer, die nie recht frei von der Brust hinweg reden; *the propre study of man is man.* Ich sehe einmal hübsche Menschen lieber als hübsche Gemälde, ausgestopfte Tiere, getrocknete Pflanzen und tote Mineralien und wenn Statistiker sie übergehen, so halte ich mich an Terentius *homo sum nil humani a me alienum puto.*

Übrigens nenne ich die Bewohner Badens Badner, wenn gleich viele von Badensern sprechen, was an Jenenser erinnert und undeutsch ist; selbst viele Badner nennen sich so, vielleicht um der Kollision mit Bader, wie andere schreiben, auszuweichen? Badner hilft allem ab.

Zweiundzwanzigster Brief.

Das Neckartal und die Neckarfahrt.

Mein vaterländischer Fluß führt mich diesmal aus Württemberg nach Baden, nicht der gewöhnliche Landweg über Vaihingen nach Pforzheim oder über Maulbronn, Knittlingen und Bretten nach Bruchsal. Vaihingen hat nichts Interessantes außer seinem alten Bergschloß, desto mehr aber die alte Zisterze (1148) Maulbronn, eine der vier Klosterschulen Württembergs. Kloster und Kirche haben noch viel Altertümliches, der Chor, alte Denkmäler und die tief ausgetretenen Fußstapfen der in *stallis* längst nicht mehr psaltierenden Mönche etwas Rührendes. Nach der Sage waren die Mönche zu Speyer in Verlegenheit, wohin sie ein Kloster bauen sollten, luden einem Esel ihre kleine Habe auf und folgten ihm – Mönche folgten gerne solchen Wegweisern –, der Esel blieb in einem Sumpfe stecken und dahin bauten sie nun Maulbronn. Das Klosterwappen war ein Esel, das noch zu sehen ist, der Eselsturm aber ist abgetragen, doch finden sich noch hie und da Spuren des Esels, aber über dem hier wachsenden edlen Eilfinger Wein kann man schon ein Auge zumachen.

Die frohe Reisegesellschaft schiffte sich zu Heilbronn auf dem Neckar ein, nach Heidelberg, das man in drei Tagen erreichen kann und die gewöhnlichen Stationen sind Neckarelz, Eberbach, Heidelberg. Es wurden aber fünf Tage daraus, nicht durch Schuld des Schiffers oder des Neckars, sondern *nostra culpa*, wir stiegen gar zu oft ans Land. Vor Neckarsulm, wo die Sulm mit dem Neckar zusammenfließt, dem Schauerberge, wo ehemals wilde Ritter hausten und einigen freundlichen Dörfern vorüber, eilten wir nach Wimpfen. Wir sahen die Nymphen der Jagst und des Kochers in die Arme des Neckars eilen, die schöne neue Saline Friedrichshall zwischen Kocherfeld und Jagstfeld und gelangten nach Wimpfen im Tale, dessen Stiftskirche uns schon lange einladend winkte. Beide Wimpfen, das im Tale und das von den Hunnen zerstörte Wimpfen am Berge, verdanken jener Kirche ihre Entstehung, die romantisch da liegt, auf einem freien mit Linden besetzten Platze. Schade, daß man mit den Bildern darinnen umgegangen ist, wie zur Zeit der Bilderstürmer und manches, das den Altertumsfreund in Entzücken versetzt hätte – sogar in den Ofen gewandert ist! Die Regierung zu Darmstadt erfuhr den Frevel zu spät. Wimpfen muß man zur Zeit des großen Jahrmarkts am St. Peter- und Paulstage besuchen, *vulgo* Kirschenpeter, wo es dann mit Wimpfen steht, wie mit Leipzig zur Messezeit, nur daß die bleibende schöne Natur um Wimpfen Leipzig weit heruntersticht!

Zu Wimpfen im Tale ist die schöne Saline Ludwigshall, die Privaten gehört und Wimpfen am Berge soll auf der Stelle der römischen Cornelia stehen, die Attila zerstörte, wobei seine Hunnen die Weiber so mißhandelten, daß der Ort den Namen Wibpin (Weiber-Pein) erhielt – Wimpfen. Der Berg ist ziemlich steil und man kommt an einem alten Turm vorbei, dessen Grundfeste sicher noch Römerwerk ist. Nach dem Fall der Herzöge Schwabens machte sich auch Wimpfen frei, geriet aber späterhin, wie die meisten ihrer Schwestern, tief in Schulden und da der Rat durch Holzfällen sich zu helfen suchte, wurden die Bürger schwierig, schickten Abgeordnete nach Mannheim und wollten sich Kurpfalz hingeben. Der Kurfürst entließ die Deputation mit einem tüchtigen Rheinweinbrand und nun gingen sie nach Wien, aber der Kaiser verordnete eine Kommission, der eine tüchtige Exekution folgte und so versank die blindtolle Demokratie nur noch tiefer ins Elend!

Wimpfen ist jetzt eine hessische Landstadt, aber ihre Abgelegenheit vom Großherzogtum scheint ihr nicht vorteilhaft zu sein. Wimpfen besucht man nur wegen ihres fern hinblickenden blauen Turms, um die wunderschöne Aussicht zu genießen, auf den Neckar und Wimpfen im Tale, auf die stromabwärts liegenden Burgen Ehrenberg, Horneck und Hornberg, die drei Salinen Offenau, Ludwigshall und Friedrichshall, auf Kocher und Jagst und das ganze herrli-

Gez. v. K. Corradi — Stahlst. v. G. M. Kurz

BÜHL

che Tal, das in der Ebene Heilbronns endet. In blauer Ferne erblickt man den Bergrücken, von dem das weiße Schloß Waldenburg im Sonnenglanz herabstrahlet!

Bei dem freundlichen Dörfchen Heinsheim müssen wir wieder das Schiff verlassen, um die Ruine Ehrenberg zu besteigen, eine der schönsten am Neckar, die ganz die Pflege verdient, die ihr Freiherr von Rakeniz angedeihen läßt. Die alten Mauern laufen herab bis zum neuen Gebäude, wo der Beamte wohnt und weithin sieht man die alte viereckige Warte, deren Mauern gewiß zwölf Fuß Dicke haben, mit fünf Abteilungen zu zwanzig Fuß, in deren unterster man Menschengerippe, Ketten und Waffen gefunden hat. Von dem Hauptgebäude stehen auch noch Trümmer, die allen Windstößen trotzen, geschmückt mit Holunder und Espen, Himbeeren und Efeu, Kirschenbäumen, Akazien und Pappeln und überall Fußpfade und an schönen Punkten Ruhesitze. Wir leerten eine Flasche Neckarweins auf die Gesundheit des freundlichen Pflegers von Ehrenberg.

Immer reizender wird die Fahrt zwischen den grünen Neckarhöhen, bis Gundelsheim uns ans Ufer lockt. Über dem Städtchen ragt Horneck hervor, wo die Deutschmeister wohnten, ehe Mergentheim Residenz wurde. In der Burg-Kapelle ruhen deren mehrere und es ist schade, daß das alte Gemälde abhanden gekommen ist, wo Werner von Horneck bei seinem Zuge nach Palästina dem Orden diese seine Burg übergibt. Die Totenhalle mit den aufrecht stehenden Grabsteinen der Ritter, deren Steinleiber lang und starr anderwärts auf den Sargdeckeln hingestreckt sind, die Füße gestützt auf Löwen und die Hände gefaltet zum ewigen Gebete, ließ uns ziemlich ernst nach unserem Schiff hingehen. Die Burg wurde im Bauernkrieg zerstört und mit ihr leider das Ordensarchiv zum unersetzlichen Verlust für die Geschichte. Die noch vorhanden gewesenen alten Ritterwappen, die Zierde der Burg, verkaufte unsere Zeit an die Meistbietenden und sie sollen jetzt die Bettlade eines Försters zieren!

Das Wallfahrts-Kirchlein des heil. Michaels, wo dieser

Erzengel mit dem Gott-steh-bei-uns sich gebalgt haben soll und die Burg Guttenberg denen von Gemmingen gehörig, blieb unbesucht... Der reiche Hans von Gemmingen, der solche 1449 an seine Familie brachte, spielte zu seiner Zeit eine Rolle. Er war Vitzdum in Amberg, ritt einst an einem Tage von da nach Bürg bei Neustadt und wohnte noch einer Jagd bei – »er war in allen Sätteln gerecht, konnte reiten und reden, richten und streiten und lag seines großen Reichtums ungeachtet nie auf der Bärenhaut bis in sein achtzigstes Jahr«, sagt die Chronik. Ein anderer Heros war ein Dietrich von Gemmingen, der gleich Sickingen der Reformation anhing und sein Bruder Wolf, der Kaiser Karl V. sagte: »Es wäre mir leid, meinen Kaiser, der nächst Gott mein oberstes Haupt ist, zu betrüben, doch wollt ich dies eher tun, als Gott erzürnen!« »Sein Hals war krumm, sagte man, aber sein Gemüt schlicht und gerade.« Sein Sohn sammelte eine schöne Bibliothek auf der Burg, die vielleicht nach Heidelberg kam und alle schlummern in der Kapelle zu Mühlbach. Die Familie Gemmingen, die sonst von den römischen Gemini abstammen mußte und ebensogut selbst von Castor und Pollux, die auch Gemini hießen, hat bedeutende Besitzungen und hätte sich unter den vielen Mitgliedern, die sich wirklich auszeichneten, einer noch durch das Einheits-Prinzip ausgezeichnet, so hätten wir auch vielleicht ein kleines Reichsfürstentum Gemmingen zählen mögen!

Haßmersheim vorüber, wo viele Schiffer wohnen und auch Schiffe gebaut werden, zieht der stattliche Hornberg die Augen auf sich und wir stiegen abermals von Neckarzimmern mit einem gemmingischen neuen Schloß auf bequemem Pfade nach der alten Burg durch die schönsten Nebengelände. Hier steht in einem neueren Gebäude und in einem Saale mit trefflicher Aussicht ein Gewappneter mit geschlossenem Helm, gestützt auf sein Schwert und neben ihm die Lanze – es ist Götz von Berlichingen, der lange hier hauste, seine Selbstbiographie diktierte und 1562 hier auch entschlief. Die Rüstung ist ganz einfach, Götz war ja,

Gez. v. K. Corradi   Stahlst. v. E. Höfer

DONAUESCHINGEN

wie er selbst sagt, »ein armer Geselle«, aber den berühmten Eisenfresser hatte ich mir größer gedacht. Es ist der einzige echte Panzer, den er seinem Freund Feierabend zu Heilbronn zurückgelassen hatte, als er selbst Feierabend machen mußte. Drei Tore führen zum Innern der Burg, von der noch die Wände stehen und wohl erhalten ist der hohe alte Turm, den man besteigt, die Kapelle und die Wappen.

Wir schifften vorüber vor der Höhle der heil. Nothburga, das Echo wiederholt ihren Namen und der Kahn schwimmt ruhig zwischen den hohen Felsengestaden. In der Kirche zu Hochhausen ruhet das steinerne Bild der heil. Königstochter auf dem Sarge, geschmückt mit der Krone, aber ohne linken Arm, den riß ihr ja der Vater ab, als er sie aus der Höhle ziehen wollte und in der Rechten hält sie die Schlange, mit dem heilenden Kraute. Schade, daß die uralten Ölgemälde mit den Szenen aus dem Leben der Heiligen durch Feuchtigkeit gelitten und ein neuer Maler sie unverschämter restauriert hat als die Italiener ihre Antiken. Bei Neckarelz, wo die Elz sich in den Neckar ergießt, wird das Tal offener und da das Städtchen nichts Merkwürdiges hat, so gingen wir seitwärts durch eine hübsche Obstallee, durch das Elztal nach dem freundlichen Mosbach, mit einer Saline. Einst gab es hier eine eigene pfälzische Linie und ein berühmtes Kloster. Je näher man Obrigheim kommt, desto freundlicher wird die Gegend – wir schifften Dittesheim, Neckarbinau und Mörtelstein vorüber – das Tal wird enger, die Gegend finsterer, statt Rebengelände nackte Felsen und hohe Buchenwälder und hinter Gerach blicken zwischen dem schönsten Grün die rötlichen Trümmer der Minneburg. Durften wir diese unbesucht lassen? Wir stiegen also zu Guttenbach aus, sahen an der Ziegelhütte den steinernen Hund mit unleserlicher Inschrift und stiegen empor zur Minne! Noch nicht vor langer Zeit lebte da ein Einsiedler, der nicht gemeine Bildung verriet, vierzehn Jahre und seine einzige Freude war – ein Blumengärtchen!

Interessanter ist die Burg Zwingenberg über dem Dorfe

dieses Namens, wohin ein steiler aber gepflasterter Weg führt. Sie ist bedeutend, hohe Mauern umgeben sie und ehemals ragten acht Türme empor, wovon drei abgebrochen werden mußten. In der Kapelle ruht die Fürstin Bretzenheim, Tochter eines Mannheimer Kanzlisten, dann Theater-Tänzerin und Geliebte Karl Theodors, von deren Erben die Grafen Hochberg die Herrschaft Zwingenberg kauften, die zur Jagdzeit Leben und Freude in das einsame Tal bringen. Im Rittersaale sieht man die Wappen der ehemaligen Besitzer, der Hirschhorn und in einem andern die Bildnisse Badnischer Fürsten, neben einer Sammlung Riedingerscher Jagdstücke, ausgestopfter Tiere und Hirschgeweihe von seltener Größe.

Die Neckarfahrt wird jetzt ganz düster, mächtig pressen hinter Lindach die Gebirge den Fluß zusammen und dichte Wälder bilden ein wildschönes Tal, in dessen Einsamkeit die roten Trümmer der Burg Stolzeneck desto schauerlicher winken, je mehr die Schiffer ihre Märchen auskramen. Nach einer starken Krümmung des Flusses sehen wir Wimmersbach und das romantisch liegende Städtchen Eberbach, das Leiningen gehört. Die Bewohner treiben viel Handel mit Holz, das aus dem odenwäldischen Itterbach herabkommt und auch Gerberei und Schmiedearbeit; der Neckar, der hier besonders fischreich ist, liefert selbst einen besonderen Handelsartikel für Frankreich und die Schweiz, die Krilps oder silbernen Schuppen des Weißfisches zu Glasperlen. Wir rasteten am Abhange eines schönen Berges, neben einer Quelle, wo die Eberbacher Bänke angebracht haben, im Genuß der Natur und eines heiteren Abends, bis die bestellten gebackenen Fische fertig waren.

Von Eberbach bis Hirschhorn schifften wir wenigstens zwei Stunden in der tiefsten langweiligsten Waldeinsamkeit; der Neckar macht zwischen beiden Orten solche Krümmungen, daß man behauptet, mit einem Schuß dreimal über ihn wegzuschießen. Eine alte Kapelle mit einem Friedhof empfängt uns vor Hirschhorn, wo sich die Einwohner am Allerseelentage auf den Gräbern ihrer Vollen-

Gez. v. F. Foltz

Stahlst. v. E. Höfer

EBERBACH

deten zu sammeln pflegen – eine der gemütlichsten Sitten der Katholiken. Die Kapelle ist ihrer schönen Glasmalereien beraubt, aber die Grabsteine derer von Hirschhorn haben sich erhalten noch vom Jahr 1400 und 1405. Das Städtchen ist traurig, desto interessanter aber die Burg, deren Umfang im Verhältnis stand mit dem Ansehen der Eigner. Der Letzte der mächtigen Dynasten von Hirschhorn tötete 1600 zu Heidelberg auf dem Markt im Zweikampf den Letzten der Handschuhsheimer, dessen Mutter den Himmel um Rache rief und so mußte auch der Hirschhorner alle seine Söhne überleben und 1632 sterben als der Letzte seines Stamms!

Wir schifften uns weiter in eine neue Einförmigkeit, bis sich links die Feste Dilsberg zeigt, rechts Steinach, und auf den Höhen die Vier Burgen der berüchtigten Landschaden von Steinach; Dilsberg ist noch im baulichen Stande und wurde lange zum Staatsgefängnis gebraucht. Die Sage, daß die Feste einen Sturm abschlug mittels herabgeworfener Bienenkörbe (was man auch von Muckensturm bei Rastatt sagt), beweist etwas für Bienenzucht, die noch heute im Odenwald nicht vernachlässigt ist. Die erste jener vier Burgen ganz am Felsen klebend, daher im Munde des Volkes Schwalbennest genannt, heißt Schadeck, liegt am höchsten und mag das eigentliche Raubnest und die Warte gewesen sein, das sich aber bald in den Steinbruch unter ihm herabstürzen dürfte, so weit es nicht in Felsen gehauen ist. Die Burg war klein von Umfang und zwei Türme ragen noch in die Luft, von Efeu zusammengehalten. Von da gelangt man auf Fußpfaden nach der Hinterburg, die eine freiere Aussicht in das Neckar- und Schönauer Tal gewährt und in der Mitte der Trümmer steht noch ein starker Turm. Niemand versäume von Heidelberg aus den Gang von zwei Stunden nach dem Steinachtal, wo Schönau liegt. Es war einst eine reiche Zisterze, dann von Wallonen bewohnt, daher noch Tuchfabriken, die Hauptnahrung der Einwohner sind. Die Ruinen des stattlichen Klosters nehmen sich malerisch aus zwischen den kleinen Häusern und in dem Keller eines

Tuchmachers zeigt man das Grabmal eines Pfalzgrafen Konrad mit der Jahreszahl 1185.

Weiter herab von der Hinterburg gelangt man zur Mittelburg, die noch am besten erhalten, selbst bewohnbar und häufig von Heidelbergern besucht ist, seit der Eigentümer die geräumigen Säle dem Vergnügen des Publikums geöffnet hat. Wir trafen hier unter Linden und Walnuß-Bäumen eine Gesellschaft *Musen*, welche die geheiligte Zahl IX. weit überstieg. Von dieser Mittelburg führt ein bequemer Weg nach der Vorderburg, schauerlicher und öder als jene, deren Trümmer fast nur noch ein einsamer viereckiger Turm ausmacht. Der Burgweg führt herab nach Niedersteinach, wo man in dem alten Kirchlein die zahlreichen Grabsteine der Landschaden sehen mag. Der älteste ist von 1369, »*die S.Mich. obiit Ulricus Landschad miles*« – weiter nichts! Neuere enthalten zum Teil naive altdeutsche Knittelreime. Jener Ulrich soll vom Kaiser mit dem Namen Landschad gebrandmarkt und geächtet zu den Türken gegangen, das Vertrauen des Sultans gewonnen, ihn aber schlecht belohnt und seinen Kopf dem deutschen Kaiser gebracht haben, der ihn begnadigte und den gekrönten Kopf ins Wappen gab!

Freundlich empfängt uns Neckargemünd und die schönen Sandsteinbrüche erhöhen das Malerische der Umgebungen; sie und Schiffahrt, – Rotgerberei und die Nähe Heidelbergs ernähren die Bewohner. Es ist eine der angenehmsten Partien, die man von Heidelberg aus machen kann, unter Nuß- und Kastanienbaum-Alleen – immer längs des Neckars, oder auch über den Wolfsbrunnen und dann wieder zurück auf dem silbernen Rücken des Stroms, vom Mond beleuchtet, unter Musik und Jubel. Trotz aller Felsenblöcke im Neckar ist die Fahrt sicher. Das kleine Neckargemünd, wo ich wenigstens ein Dutzend Wirtshäuser zählte, hat ein so schönes und großes von Karl Theodor erbautes Tor, daß man an Diogenes zu Myndos denkt: »Macht das Tor zu, damit die Stadt nicht hinauslaufe!«

Die kühn an Felsen gelehnten Hütten des Dörfchens

Gez. v. L. Hoffmeister

Stahlst. v. L. Hoffmeister

ETTLINGEN

Schlierbach ziehen sich bis an die Tore Heidelbergs, unter ihnen überrascht das schöne Landhaus eines Briten und auf dem anderen Ufer spiegelt sich Ziegelhausen in den grünen Fluten. Malerisch liegt Kloster Neuburg mit seinen hohen Pappeln, wo einst fromme Benediktinerinnen beteten und sangen, deren Oberin meist eine Pfalzgräfin war. Unten am Berge liegt der Haarlaß, ein Gasthaus, wo ehemals die armen deutschen Vestalinnen ihre schönen Haare lassen mußten, wenn wir die Sage glauben. Jetzt gehört Neuburg einem Privatmann, der es im guten Stand erhält und herrlich ist von hier die Ansicht Heidelbergs, ich ziehe aber doch noch die Überraschung vor, wenn man von der Bergstraße herkommt und zum erstenmal diese Göttergegend erblickt an der Ecke von Neuenheim – diese Überraschung bleibt mir unvergeßlich!

Dreiundzwanzigster Brief.

Heidelberg, Mannheim, Schwetzingen.

Wir sind nun in dem Lande, das man die Pfalz nennt und noch lange, trotz aller Veränderungen, so nennen wird, wie Bayerns Regenkreis die obere Pfalz. Pfalz kommt von Palatium und dies soll vom mons Palatinus herrühren und selbst dieser Namen wieder von Pallas, den wir aus Virgil kennen – so sonderbar pflanzen sich Namen fort! Diese Pfalz diesseits und jenseits des Rheins ist das fruchtbarste Land Deutschlands unter dem sanftesten Klima – ein südlicher Himmel mit dem Violettschleier, den wir in Hakerts italienischen Landschaften bewundern. Kaiser Josef nannte die Pfalz die deutsche Lombardei – aber hier ist noch mehr, und bestimmt bessere Landwirtschaft, gegründet auf künstlichen Futterbau und das Sprichwort vollkommen wahr:

Hätte die Pfalz Wiesen und Holz,
sie wär' aller Länder Stolz!

Überraschend ist der herrliche reiche Obstbau, und viele tausend Norddeutsche oder Bierländer singen bei pfälzischem Äpfelwein mit Begeisterung: »Am Rhein, am Rhein, da wachsen unsre Reben usw.«, während die Obstbäume sich wenigstens die Hälfte des Verdienstes zuschreiben dürften. Selbst die Nüsse gehen teils nach dem Norden, teils werden sie zu Öl veredelt.

Man hat schon jährlich an die 30 000 Stück Büchsenschäfte von Nußbaumholz ausgeführt und ich hatte selbst die Bittschrift in der Hand, wo ein Bauer sein Heiratsgesuch motivierte mit einem Nüsse-Ertrag zu 300 fl. Gleich reich sind die Tabak-, Mais-, Kastanien-, Mandel- und Kirschen-Ernten, der Krappbau aber ist gesunken. Zu Käfertal bei Mannheim legte 1769 eine Gesellschaft sogar eine Rhabarber-Pflanzung an und zu Dossenheim eine angorische Ziegenzucht, beide Versuche scheinen aber nicht von Erfolg

Gez. v. R. Höfle — Stahlst. v. J. Richter

FREIBURG IM BREISGAU

VON OBEN GESEHEN

gewesen zu sein. Um Weinheim sieht man roten Granit und in den Gebirgen des Odenwaldes auch grüngrauen, die nur die Politur erwarten, um so schön zu sein, als die feinsten Marmorarten Italiens oder Griechenlands.

Die fleißigen Pfälzer (nach ihrer Mundart Pelzer) sind unsere deutschen Franzosen, und das *more palatino* trinken, deutsch saufen, ist längst veraltet. Indessen lieben sie ihren Wein, wie die Ufer, die ihn erzeugen und teilen ihn auch gerne andern mit; zufrieden und froh sind sie auch gegen den Fremdling, zuvorkommend, gesellig und redfertig und so ist's recht. Das sind die wahren Humaniora! Männer und Weiber haben sich in die himmelblaue Farbe verliebt, als echte Sanguinier, denen man freilich oft Leichtsinn oder leichten Sinn vorwirft, der sich in dem alten Sprichwort ausspricht:

Speirer Wind, Heidelberger Kind,
Hessen-Blut, tun selten gut!

Je nun, ohne jenen leichten Sinn, eine wahre Göttergabe in gewissen Umständen, wo man fünf gerade sein lassen – muß – und ohne die Körven (Kirchweihen) hätte sich vielleicht, unter der alten Regierung, die Hälfte der armen Pfälzer dem Rhein in die Arme geworfen und die andere Hälfte wäre nach Pennsylvanien gelaufen, wo es ohnehin ein neues Mannheim, Heidelberg, Frankenthal, Alzey usw. gibt. In England sind Pfälzer und deutsche Kolonisten noch heute Synonyma. Aber es war nicht möglich, dieses von Gott gesegnete Land zu verderben, so viel auch die Menschen dazu beitrugen! Die kleinen Regenten des linken Rhein-Ufers wurden vor der Revolution nicht wenig beneidet von ihren Herren Vettern am rechten Ufer oder im Innern!

Dieses Paradies – die ganze Pfalz – zählte auf 100 Quadrat-Meilen nur 300000 Seelen, mit Jülich und Berg etwa 500 000 und daran hatte, nächst den französischen Verheerungen die Hauptschuld – Religionsdruck und *the Insolence of Office!* Die reformierte Religion sollte die herrschende sein, aber der Regent war Katholik, folglich herrschten die Katholiken. Nur sie erhielten Staatsdienste und ein Ortsbüttel, dessen Kinder bettelten, wurde Schultheiß, weil er der einzige Katholik in einem Orte war von vierhundert Bürgern! Überall stieß man auf Pfälzer-Kollektanten, in und außer Deutschland – es war keine gute Schule im Lande und das schöne Heidelberg stand leer. Evangelische Prediger hatten 200 fl. Besoldung, Unterbeamte oft gar keine und die höheren Staatsdiener waren, da die Ämter gekauft wurden – meist Bauernschinder! Verbrecher wurden begnadigt, wenn sie den Rock umwendeten und natürlich fand sich wenige Tage nach der Einkerkerung der fromme Trieb zur Bekehrung!

Die Pfalz bleibt ein ewiges lebendiges Beispiel, wohin Intoleranz und Beamtendruck führen. Das Eden Deutschlands war für 1000 genügsame und fleißige Deutsche eine Hölle durch Pfaffen und Beamte, während Karl Theodor bis in Himmel erhoben wurde, denn sein Hof war glänzend, er tat alles für Kunst. Fremde Schauspieler, Tänzer, Sänger und Pfeifer schwammen im Fett und nützliche Pfälzer hatten kaum Kartoffeln! Dieses wahre Gemälde der Pfalz (S. Schlözers B. W. XXVI.) verdient noch im neunzehnten Jahrhundert Fürsten und Minister vor Augen gebracht zu werden. Noch sind in der Pfalz die Landschreiber so wenig vergessen, als in Nürnberg die Patrizier oder in Neu-Württemberg die Substituten. Und nun kam zu allem Jammer noch der Revolutionskrieg! *C'est un pays conquis!* Damit glaubte man alle Greuel zu rechtfertigen und daher sagte ein Witzling: *Qui, c'est un pays, qu'on cuit!*

Wenden wir unsere Augen nach dem schönen Heidelberg, unstreitig die ländlich schönste Stadt Deutschlands, in der reichsten üppigsten Natur. Die ganze Gegend hat einen ergreifenden großen Charakter, kühne Berge mit herrlichem Laubholz, malerische Felsen, den schönen grünlichen Neckar, die herrliche Brücke und die noch herrlichere Burg-Ruine über der reinlichen Stadt, bewohnt von 10 000

Gez. v. B. Schwarz. Stahlst. v. Joh. Poppel

DER MÜNSTER IN FREIBURG.

Menschen. Heidelberg ist die Heimat des reinsten Wassers, balsamischer Luft und der Rosen, die nirgendswo so frühe und nirgendswo so spät noch blühen. Man findet hier Wohlfeilheit und biedere Menschen. Heidelberg, in der Nähe Vater Rheins und berühmter Städte hat noch alle Reisende bezaubert und keiner sie noch verlassen, ohne sich wieder nach ihr zu sehnen. Der lächelnde Mai begrüßt sie zuerst und zuerst der fruchtreiche Herbst und zur Zeit der Blüten ist sie die blühendste Stadt Deutschlands!

Heidelberg (weil es von eitel Bergen umgeben oder auf dem Gaisberge so viel Heidelbeeren hat?) bildet nur eine einhalb Stündchen lange, gerade, aber nicht schöne Straße längs dem Neckar, mit einigen unbedeutenden Nebengäßchen; ein Tor teilt es in Stadt und Vorstadt, aber malerisch ist die Lage, angelehnt an den Felsenberg, der den Kaiserstuhl trägt, gegenüber den Heidelberg und in der Mitte den Neckar. Der schönste Standpunkt bleibt immer Neuenheim und selbst Karl Theodor, ergriffen von dem Zauber dieses Punktes, soll den Entschluß gefaßt haben, wieder zu Heidelberg zu wohnen, als der Blitz des Himmels auf die Trümmer des Schlosses herabfuhr. Schon Karl Philipp hatte etwas zur Wiederherstellung des würdigen Fürstenpalastes getan, aber nun kam der Streit mit der Stadt und er zog nach Mannheim, ließ aber doch stets sein Trinkwasser aus dem Schloßbrunnen holen. Das Schicksal hatte beschlossen: »Diese Stelle sei der Einsamkeit heilig, dem Genius der Dichtung und Gatterers botanischer und Forstanstalt!«

Der erste Gang des Reisenden ist natürlich nach dieser herrlichen Ruine, die unendlich oft beschrieben und gezeichnet ist – aber vermag Feder oder Grabstichel eine solche Ruine darzustellen? Man muß sie selbst sehen, Matthissons hier gedichtete Elegie »Das alte Bergschloß« lesen und einige Stunden der Einsamkeit weihen, unter dem Rauschen des Neckars im Tale, dem Säuseln der Waldbäume in den Höhen und den Melodien der gefiederten Sänger in den Büschen. Herrlich nimmt sich hier eine Hornmusik aus – nur keine Melodien der Heidelberger Musen!!

Die alte Pracht des inneren Schloßhofes – die vier Granitsäulen, die das Dach des Brunnens tragen, aus Karls Ingelheimer Palaste – der gesprengte Turm, die Grotte mit der Quelle, in deren Nähe eine schattige Hütte ist, wo Kirschen oder Kaffee noch einmal so gut schmecken – der Rittersaal mit seiner Altane interessieren, alles aber übertrifft der Winkel hinter der Terrasse, wo man in das Rheintal blickt. Wer dafür keinen Sinn hat, steige hinab in den Keller und sehe das große Faß, das 236 Fuder hält, aber leer ist und den Narren daneben, der nicht von Holz, sondern von Stein sein sollte, denn sein Gesicht ist ein Meisterstück und der Repräsentant aller Eulenspiegel und Lacher! Zum Andenken mag man sich das Schloßbüchlein kaufen.

Diese herrliche Ruine besteige man auf dem Burgwege, um auf dem neuen Fußpfade links am Abhange des Berges wieder zurückzukommen. Die Arkaden, auf denen die äußerste Spitze des Gartens ruht, welche statt der ehemaligen Orangerie botanische Anlagen aufzuweisen haben, vermehren das antike Ansehen ungemein. Die meisten Reisenden versteigen sich nicht weiter als bis zur Ruine, aber es lohnt sich zu den Steinbrüchen durch einen üppigen Kastanienwald emporzuklimmen bis zur Höhe von Kohlhof und dann den Gaisberg hinaus bis zum Königstuhl, der einst unter einer Eiche stand und nur noch aus einem großen Sandsteinblock besteht. Hier rollt sich die ganze gegenüberliegende Rheinseite wie eine Landkarte auf. Seit Kaiser Franz (1815) den Berg mehrmals bestiegen hat, heißt er der Kaiserstuhl. Wen die weiten Ruinen, die mit Gras bewachsenen Höfe, die gesprengten Türme und verstümmelten Statuen, die langen Fensteröffnungen, durch die das Abendrot flimmert, die von Efeu umschlungenen und von Wasser träufelnden Wände des Schlosses melancholisch stimmten, der erheitert sich gewiß wieder da oben beim Blick über das Land. Und wenn er erst an die Fürsten denkt, die vermutlich hoch wie Adler bauten, um herabblicken zu können auf die Ebene und ihre Stadt, ob sie nicht Unglücklichen helfen könnten?

Gez. v. K. Corradi — Stahlst. v. E. Wagner

GENGENBACH

Wahrscheinlich war die alte Burg hier oben Römerkastell und dann Residenz des ersten Pfalzgrafen Konrad von Hohenstaufen (1156–96). Ein Blitz des Himmels schmetterte sie nieder und da er auch in den Pulverturm schlug (1537) so richtete er viel Jammer an, selbst unten in der Stadt. Von dieser alten Pfalz ist keine Spur mehr – die Ruinen aber des jüngeren Schlosses, in denen wir wandeln, machte Melac, der berüchtigte Gevatter der Fleischerhunde. Hier mag man an die Geschichte des größten Fürsten des pfälzischen Hauses denken, an Friedrich den Siegreichen, an seine Schlachten, an das schöne Klärchen (Dettin), die er seine liebe Sängerin nannte und an die Teufelsgeschichte, die sein eigener Bruder Ludwig und die Lützelsteinerin spielten; die Gräfin spielte die Rolle der Maria und der Beichtvater ganz recht die des Teufels. Sie wollten Friedrich der Feme überliefern, aber Ritter von Gemmingen packte den Teufel und entlarvte ihn! Hier lebte Friedrich als Vater seines Volkes und hier starb er auch 1477, siegreich über die gegen ihn verschworenen Fürsten, geächtet vom Kaiser und gebannt vom heiligen Vater!

Hier im Schlosse kommandierte auch 1693 der kais.-kön. General und Deutsch-Ordensritter von Heddesdorf und scheint Fehler gemacht zu haben. Aber welche Strafe erwartete seiner, barbarischer als Todesstrafe? In der Commende Heilbronn stießen sie ihn unter den bekannten schimpflichen Zeremonien aus dem Orden, dann wurde er auf dem Schinderskarren vor die Truppen geführt, das vorgelesene Todesurteil in Verbannung verwandelt, der mit entblößtem Schwert hinter ihm stehende Scharfrichter warf ihm die zerbrochenen Stücke des Degens ins Gesicht und brachte ihn dann auf seiner Karre über die Grenze. Heddesdorf starb erst nach einigen zwanzig Jahren in einem Kapuzinerkloster. Wie human sind wir im neunzehnten Jahrhundert! Wie zart gegen ganz andere Verbrecher!!

Der Karlsplatz, wo einst das Franziskaner-Kloster stand und Friedrich der Siegreiche zuletzt frömmelte, ist jetzt der schönste Platz Heidelbergs, denn die freie Aussicht auf die Ruine gibt ihm vor allem den Vorzug. Der Paradeplatz, wo das Universitätsgebäude steht, ist amphitheatralisch von Bergen umgeben und ein alter Turm im Hintergrund gibt ihm ein eigenes malerisches Ansehen. Auf dem Markte mit einem hübschen Herkules auf dem Brunnen, steht die berühmte heil. Geistkirche, wo auch die schöne Bibliothek stand, die Scaliger der Vatikanischen vorzog, Herzog Maximilian von Bayern aber bei Einnahme Heidelbergs 1622, aus Haß und frommer Einfalt dem Vatikan schenkte! Erst in unserer Zeit sind mehrere ihrer Schätze wieder zurückgebracht worden, wo man sie besser zu benutzen verstehen wird als zu Rom! Die Katholiken, die Fürsten an der Spitze, wollten sich nicht mehr mit dem Chor der heil. Geistkirche begnügen, sondern die ganze Kirche haben und hieraus entstanden zu Anfang des vorigen Jahrhunderts die weitaussehendsten Händel, denen Mannheim seine Größe verdankt. Es war den Katholiken gar nicht um Singen und Beten zu tun, noch weniger um den heiligen Geist, wohl aber um die reichen Einkünfte dieser Kirche!

Die Universität Heidelberg, die so tief gesunken war, hat sich unter Baden mächtig gehoben, zählt zwischen sechs- bis siebenhundert Schüler und hat das herrlichste Lokale, das ich kenne, Bonn etwa ausgenommen. Der Ton schien mir eben nicht musterhaft zu sein und ich hörte Klagen, die man überall vernimmt, wo die Universitätsbürger das Übergewicht über die Bürger der Stadt haben. Mir erscheint einmal der Studenten- oder Kompendienstolz im höchst tragi-komischen Lichte und unter allen Freiheiten ist bestimmt keine so folgenreichen Mißbräuchen ausgesetzt, als die Freiheit junger Leute mit Geld, die aber noch nicht wissen, was sie wollen und sollen. Zu Heidelberg gibt es so wenig großstädtische Vergnügungen als zu Göttingen, daher scheint mir Mannheim das zu sein, was dorten Kassel. Nirgendwo trifft man auch verdorbenere Knaben an als auf den Universitäten – böse Beispiele verderben gute Sitten – und daher parodierte einst zu Göttingen Professor Dietz,

Gez. v. K. Corradi

Stahlst. v. W. Knocke

GERNSBACH

da die kleinen Jungens vor der Bibliothek so lärmten, in voller Entrüstung die Verse Klopstocks:

> Saat vom Teufel gesäet
> dem Tag des Galgens zu reifen!

Noch muß ich die schöne Neckarbrücke von 700′ Länge erwähnen mit den Bildsäulen Karl Theodors und Minervas von Link. Auf dieser Brücke, die zu einem so niederen Tor führt, daß man den Hemmschuh, den man in der ganzen Bergstraße nicht braucht, anlegen muß, fielen bei dem Brückensturm unter Marschall Ney 1799 Tausende im Kartätschenfeuer der Österreicher, und gar viele fanden noch halblebend ihr Grab im Neckar. Nächst den Ruinen kenne ich keinen schöneren Standpunkt als diese Brücke, wenn der Neckar und die roten Felsgebirge sich in dem Purpur des Abends kleiden und die Ruinen halb im zauberischen Rosenlicht, halb im feierlichen Schatten der Dämmerung das Nichts menschlicher Größe predigen! Sicher gewährte das Schloß in seiner vollen Salomonischen Pracht und Herrlichkeit nicht halb den Genuß, den jetzt dessen Trümmer gewähren. Ha, was wäre Heidelberg, wenn nur der vierte Teil der Summen auf seine Verschönerung verwendet worden wären, die Mannheim und Schwetzingen verschlangen und doch nur kleine Versailles blieben, oder Günstlinge ohne Verdienst, in Flachheit und Leere! Wer sich an beiden Orten gefallen will, gehe ja nicht zuvor nach Heidelberg und dem Neckartal! Und noch die Rheinschnaken, die ich für verwandelte Höflinge halte!

Der schönen Umgebungen Heidelbergs ist schon zum Teil gedacht worden, aber noch nicht des Heiligenbergs, der von einer Kirche und Kloster den Namen hat, deren unbedeutende Ruinen man noch sieht; man will diesen Berg für den Pyrus des Ammianus Marcellinus halten. Neuenheim, der Anfang und das Ende der berühmten Bergstraße, das wegen der Nähe stark besucht ist – Handschuhsheim, wo die ersten Kirschen reifen, das Kirschenheim heißen sollte

– Schriesheim mit seiner alten Strahlenburg, die in der Tat in der Morgen- und Abendbeleuchtung Strahlen von sich zu geben scheint – das altertümliche Ladenburg mit der schönen gotischen Kirche, wahrscheinlich das Lupodunum des Ausonius, gehören zu Heidelbergs Umgebungen, so wie auch Rohrbach, wohin eine von Nußbäumen beschattete Allee führt. Hier lebte König Maximilian von Bayern in den ersten Stürmen der Revolution als Herzog von Zweibrücken, einsam und allgemein verehrt. Am näheren Wolfsbrunnen mögen Empfindsame Lafontaines *Clara du Plessis* und *Clairant* lesen, worüber sie leicht vergessen werden, daß die alten schönen Linden um den See weggehauen sind. Man verzeiht es Bonifazius und anderen Missionärs, wenn sie im heiligen Eifer auf deutsche Eichen blind eingehauen haben, sie glaubten der Teufel habe da sein Spiel – hier aber war es der Teufel der Finanzen! Wieviel Unheil haben nicht schon die Kammern angestellt – Finanzkammern und auch andere Kammern oder gar Fürsten-Laune!

Von der Unbeständigkeit des Wetters, das Reisende in Heidelberg finden wollten, kann ich nichts sagen und doch war ich öfters hier; noch weniger von dem ewigen Regen, den jener Emigrant erfahren haben will, der seinen von Heidelberg kommenden Freund nach sieben Jahren fragte: *à propos, mon ami, y pleut-il encore?*

Nach Mannheim kann man jeden Tag binnen drei Stunden für achtundvierzig Kreuzer kommen. Der Weg führt durch Wieblingen, Edingen und Seckenheim, Orte, die durch Tabakbau emporgekommen sind. Hier erfocht auch Friedrich der Siegreiche den Sieg von 1462, zu dessen Andenken ein steinernes Kreuz errichtet und das nächste Dorf Friedrichsfeld genannt wurde. Neckarshausen und Ladenburg bleiben rechts, Neckarau links. Mannheim liegt in der weiten Ebene, welche die Vogesen und Hart und diesseits Rheins die Gebirge des Odenwalds begrenzen, ganz in der Ecke, wo sich die sanft hingleitenden Wellen des Rheins mit dem raschen Neckar vereinigen. Die Stadt ist schön und regelmäßig, aber da kein Hof mehr hier und die

Gez. v E. Willmann — Stahlst. v J. Umbach

GUTTENBERG AM NECKAR

Bevölkerung von fünfundzwanzigtausend Seelen auf achtzehntausend (ohne Militär) herabgesunken ist, so ist sie zu groß, folglich stille und öde – viel glänzendes Nichts, wie das Mannheimer Gold. Geregelt wie eine preußische Menschenallee, holländisches Blumenbeet oder Damenbrett, gefällt Mannheim nicht lange, das Baggesen eine Stein-Henriade nennt!

Das kolossale Schloß, 750′ lang, das die ganze Rheinseite einnimmt, mit eintausendfünfhundert Fenstern, imponiert, wenn gleich der eine Flügel 1795 niederbrannte. Die Hauptstraße ist mit Linden besetzt und heißt die Planken und da die Festungswerke seit 1806 in Gärten und Spaziergänge verwandelt sind, so ist die Stadt gesünder geworden. Sonst gab es Fieber, denn auch das Wasser ist schlecht, wofür man den süßlichen Anis-Liqueur – Mannheimer Wasser genannt hat. Auf dem Markt steht eine schöne Brunnengruppe von Brand – Merkur legt die Figur einer Stadt zwischen zwei Flüssen nieder. Noch ist aber kein Tropfen Wasser aus dem Brunnen geflossen und die Nürnberger sind nicht die einzigen, die schöne Brunnen bauten ohne zu fragen: Wo nehmen wir aber Wasser her? An diesem Marktbrunnen kann es also nicht gewesen sein, daß der dumme Johann, dem sein Herr befahl, sechs Krüge Mannheimer Wasser füllen zu lassen, sein Wasser genommen hat!

Mannheims Name findet sich zum erstenmal in einem Schenkungsbrief des Klosters Lorsch vom Jahr 765 – der Name Manno war unter den Franken nicht selten – aber dann geschieht der Stadt der Männer keine besondere Erwähnung mehr bis 1605, wo Kurfürst Friedrich den ersten Stein zu einer eigentlichen Stadt legte. Sein Nachfolger Friedrich V. hätte der Stimme der weinenden Mutter, die da rief »Ach, da zieht die Pfalz nach Böhmen!« eher folgen sollen, als seiner ehrgeizigen Gemahlin und Herrn Hofprediger Schultetus. Spinola legte die Stadt in die Asche und erst Karl Ludwig, genannt der deutsche Salomo stellte sie wieder her. Warum man ihn so hieß, weiß ich nicht. Er war der Geliebte der schönen Degenfeld und dem kurtrierischen Gesandten Oexel warf er das Tintenfaß beim Reichstag ins Gesicht, wie D. Luther dem Teufel. Diesem Hitzkopf ist wohl zuzutrauen, daß er Turenne, der seine schöne Pfalz zerstörte, gefordert hat, was indessen bezweifelt wird, wie des Feldherrn Antwort: »Ich schlage mich nur an der Spitze von zwanzigtausend Mann!«

Coehorn machte Mannheim nach der zweiten Zerstörung zur Festung – die Religionshändler zur Residenz, und unter Karl Theodor (1743–92) hatte die Stadt ihr goldenes Zeitalter. Sie verfiel, wie der Fürst 1777 gar nach München zog, und nun brach die Revolution aus. Franzosen nahmen Mannheim, Wurmser bombardierte es schrecklich und unter Baden hörte es zwar auf Festung zu sein, aber die besten Kunstschätze wanderten nach München. Unter Karl Theodor hieß Mannheim das *deutsche Athen,* wie früher Berlin und später Weimar. So nannten es aber nicht die Pfälzer, sondern nur Höflinge, Gelehrte, Künstler und die Mannheimer, denn Residenzler halten nur zu gerne ihre Stadt sogar für den Staat!

Vor Karl Theodor war die größte Kunstmerkwürdigkeit das große Heidelberger Faß, und so hatte es der Fürst allerdings weit gebracht und weiter, als seinem Lande gut war. Im Antikensaale sind viele interessante Gipsabdrücke und die Bildergalerie hat immer Stücke, vorzüglich Niederländer, z. B. eine Winterlandschaft von Teniers, bei deren Anblick man fröstelt – die den Gang nach dem Schlosse verdienen – aber offenbar machen doch die Mannheimer viel zu viel Wesens davon. Noch sehe ich Lairesses Cato, der sich verzweifelnd die Eingeweide aus dem Leibe windet, umringt von jammernden Freunden – so malten die Heiligenmaler – der wahre Künstler aber malt lieber den großen Römer in stiller Einsamkeit. Platos Phädon in der Hand und den Dolch zur Seite. Lieblicher ist daher die am Fuß verwundete Venus oder die Mythe von der Verwandlung der weißen Rose in rote! Artarias Kunsthandlung ist mir wenigstens so interessant als die Bildergalerie und La Fon-

Gez. v. M. Wolf — Stahlst. v. J. Riegel

TOTALANSICHT VON HEIDELBERG

TOTAL VIEW OF HEIDELBERG — VUE GÉNÉRALE DE HEIDELBERG

Gez. v. E. Willmann

Stahlst. v. E. Willmann

HEIDELBERG.

VON DER NORDSEITE AUS GESEHEN

taine liefert meist die französische Literatur. Ob beide noch so gute Geschäfte machen wie vor der Mediatisierung?

Der große Paradeplatz, in der Mitte der Stadt, dessen ganze obere Breite das auf Schwibbogen ruhende Kaufhaus einnimmt, ist mit Akazien bepflanzt und hat in der Mitte eine metallene Pyramide mit einer Menge Symbolen von Crepello. Hier steht auch der besuchte Gasthof zum Pfälzerhof. Das Zeughaus ist ein wahrer Palast, wie das Theater auch, aber die Zeiten sind vorüber, wo Iffland, Beil und Beck spielten und Schiller dichtete. Schillers Räuber wurden hier 1782 zum erstenmal gespielt, zum erstenmale nannte man Schillers Namen und bei Oggersheim zeigt man das Häuschen, wo der große Dichter in ländlicher Abgeschiedenheit am Fiesco arbeitete. Die Jesuiten-Kirche ist schön, aber nicht vollendet. Man erzählte, der Kurfürst habe den frommen Vätern einen Anteil am Rheinzoll bewilligt zum Kirchenbau und daher konnten die schlauen Herren nicht fertig werden. Es sieht ihnen ganz ähnlich!

Die Mühlau, eine beim Einfluß des Neckars in den Rhein liegende Insel, ist ein Belustigungsort, der Schloßgarten im englischen Geschmack zieht sich längs dem Rhein hin und der sogenannte Rheindamm ist wegen der Aussicht ein sehr besuchter Spaziergang. Auf der schwankenden Rheinbrücke und durch die berühmte Rheinschanze gelangt man an den verfallenen Kanal von Frankenthal, welches jetzt bayrische Städtchen etwas sehr Einladendes hat, aber die Fabriken sind verfallen, wie der Kanal. Selten gedeihen die Fabriken, welche die Fürsten selbst anlegten, denn Windbeutel und gewissenlose Leute mischen sich gerne ein und daher ist es besser, wenn der Fürst ehrlichen Menschen, die sich durch Fleiß und Sparsamkeit zum Wohlstand empor zu bringen suchen, seinen Schutz gewährt, Freiheit und ein bißchen Vorschuß. Im alten Hofkalender steht sehr naiv unter den Fabriken die Gegelische Nachdruckerei!

Die Mannheimer zeichnen sich aus durch Artigkeit und Zuvorkommenheit gegen den Fremden und haben vom

Hof gelernt. Daher lebten auch stets hier viel Fremde, die gerade keine geräuschvolle Welt suchen, keinen Luxus, aber doch eine gewisse Eleganz und städtische Vergnügungen. Die jüdische Betonung fällt auf, und selbst die Redseligkeit, beides ist echt pfälzisch. Es herrscht selbst ein galanter Ton – aber in der Rheingasse, wenn gleich der Ausgang mit Brettern verschlossen ist, geht die Galanterie offenbar zu weit am hellen lichten Tage! Nie in meinem Leben bin ich von einer Frau barbiert worden (d.h. unfigürlich), hier geschah es in Abwesenheit des Mannes und der Gesellen, folglich irregulär. Nie macht man ein ernsteres Gesicht als bei dieser Handlung, hier war der Fall umgekehrt, folglich nichts weniger als förderlich meiner Eile! Es war eine Zeit, wo die Mannheimer nicht mit Unrecht ein eitles Völkchen hießen – jetzt sind es höchstens noch die Mannheimer Kinner wie anderwärts auch. Und mußten sie es nicht werden, da an ihrer Rheinbrücke sogar eine kleine Flotille niedlicher Schiffe des Hofes lag, die auf dem Rheine kreuzten bis nach Düsseldorf hinab und an der Spitze – ein Admiral stand!

Zuletzt machte noch Mannheim der tragische Tod Kotzebues berühmt, der unser Molière sein könnte, wenn er weniger geschrieben und nicht stolzer auf seine Trauerspiele, als Lustspiele gewesen wäre; im Alter sank er zum wahren literarischen Schakal herab, der sich mit aller Welt herumbeißen zu müssen glaubte. Sein Name wird aber in unserer Literatur leben und sein Sohn, der Seefahrer, hat solchen noch verbreiteter gemacht. Es gibt jetzt hinter der Beringsstraße sogar einen Kotzebue-Sund. Johann von Müller sagte 1809 seinem König *»Il y a loin de la plume au poignard chez les Allemands«*. Zehn Jahre später hätte er es nicht mehr sagen können. Aber der Satz bleibt dennoch wahr, denn ganz Deutschland blickte auf die fanatische Tat des Studenten Sand mit Abscheu, wenn es auch gleich den überspannten Jüngling bemitleidete und niemand um Kotzebue trauerte als die Seinigen!

Auf dem lutherischen Begräbnisplatz ruhen der Gemor-

Gez. v. K. Corradi — Stahlst. v. G. M. Kurz

HOHENKRÄHEN

dete und der Mörder. Auf einem großen Würfel, geziert mit zwei dramatischen Masken steht Kotzebues Name, Geburts- und Todesjahr auf der einen Seite, und auf der anderen: »Die Welt verfolgt ihn ohne Erbarmen, Verleumdung war sein trübes Los, Glück fand er nur in seines Weibes Armen und Ruhe in der Erde Schoß. Der Neid war immer wach, ihm Dornen hinzustreuen, die Liebe ließ ihn Rosen blühen – ihm wolle Gott und Welt verzeihen, er hat der Welt verziehen.« Er mußte wohl! Auf dem Wege nach Heidelberg kommt man hart an der Stelle vorüber, wo der Mörder auf dem Schafott büßte. Sehr klüglich nahm man die Exekution vor der angekündigten Zeit vor, um neue Schwärmereien zu verhüten, indessen hörte man später nächtliche Serenaden auf dem Platze und fand Blumen und Zweige von Trauerweiden auf Sands Grabe! Die Pfeifenköpfe und Ringe mit seinem Bilde sind doch mit Zeit und Nachdenken verschwunden!

Herzlich langweilig sind die drei Stunden von Mannheim nach Schwetzingen, über Neckarau in einer langen Allee, deren Bäume sich doch wieder von Kriegsungemach erholt haben; der Weg in der sandigen unfruchtbaren Gegend wäre doppelt traurig, wenn nicht der Blick in das Tal nach Heidelberg hinein gleichsam stärkte. Und in dieser reizlosen Ebene legte Karl Theodor mit ungeheuren Kosten seinen hundertachtzig Morgen umfassenden berühmten Garten an, um zu beweisen, daß die höchste Kunst stets weit zurück bleibe hinter der einfachen Natur! Man glaubt sich sogar plötzlich aus einem Weinland ins Bierland versetzt, denn überall ranken Hopfen. Wie war es möglich in dieser Natur die grob schmeichlerische Inschrift hinzusetzen »*Miraris quisquis obambulas, stupet ipsa, quae negaverat, magna rerum mater Natura!*«

Schwetzingen zählt zweitausend Seelen, hat ein recht gutes Gasthaus und durch das schöne Schloß tritt man in den Garten. Zuerst fallen die vier großen Urnen und die Fontäne ins Auge, der Delphin und Arion im großen Wasserbecken – vier Schwäne mit Knaben auf den Rücken spritzen auch Wasserstrahlen, noch ärger aber ist's, daß es auch daliegende Hirsche tun! Zwar spritzen selbst zu Rom, im Hauptsitze der Kunst, Löwen und Bienen Wasser, wie zu Nürnberg die Jungfern – aber nur Delphine und Walfische mögen ohne Sünde gegen die Natur Wasser spritzen, Tritone aus ihren Trompeten, etwa auch Frösche, wie zu St. Cloud und Flußgötter und Flußnymphen mögen Wasser träufeln lassen aus ihren Urnen oder sonst wo, wie Neptun aus seinem Barte. Mehr sprach mich daher Crepellos Gruppe in einem kleinen versteckten Bassin an, wo Galatea dem Bade entsteigt und ein Triton lüstern an ihr hinaufblickt. Dieser Galatea nur etwas all zu brabantischer Natur geben Bachus und der auf einem Felsen tief im Tannen-Dunkel sitzende Pan wenig nach. Das schöne Perspektiv nach dem blauen Hartgebirge verdankt man der soldatischen Gefälligkeit des österreichischen Generals von Schettau, der Philippsburg belagerte. Der Kurfürst klagte ihm zufällig, daß er wegen dieses Durchhaues mit dem Fürstbischof von Speyer nicht eins werden könne und der General schickte noch in derselben Nacht seine Ingenieurs und Soldaten nach dem Ketscher Wald und ließ – durchhauen!

Der Apollo-Tempel hat etwas Magisches, wenn gerade die Sonne durch die offene Rotunde glänzt. Der Gott hat zwar die Leier in der Rechten und spielt mit der Linken – aber Göttern ist alles erlaubt; leiern nicht selbst unsere Dichter bald rechts, bald links? Der optische Betrug in einer Allee, wo man eine schöne Landschaft in der Ferne zu sehen glaubt, die nur ein Fresco-Gemälde ist auf einer einwärts gebogenen ganz frei in vollem Lichte stehenden Mauer, ist auch anderwärts oft nachgeahmt und immer besser, als die blechernen Vögel, die im geschlossenen Kreise Wasser spritzen auf eine Nachteule! Schön ist der Minerven-Tempel und mehrere Büsten nach Antiken – schön die kolossalen Flußgötter Rhein und Donau, am schönsten aber die Moschee, von deren Minarett man eine herrlichere Aussicht genießt. Vergebens suchte ich nach einem Denkmal der schönen Louise von Degenfeld, mit der Kurfürst

Gez. v. R. Höfle — Stahlst. v. J. Riegel

HOHENTWIEL UND FERNSICHT VON CONSTANZ UND DEM BODENSEE

Karl Ludwig hier lebte und dreizehn Kinder zeugte, während die halsstarrige hessische Gemahlin zu Heidelberg saß und selbst Versuche gemacht haben soll, die Nebenbuhlerin zu töten. Der Humor dieser Fürstin entschuldigt den Kurfürsten und ihr eigene Schwägerin sagte gelegentlich des selbst befohlenen Sarganzuges »*ce sera la seule fois, qu'on l'habillera sans qu'elle gronde ou batte ses gens!*«

Im Ganzen dünkt mich, könne der Schwetzinger Garten, so berühmt er auch ist, einem unverdorbenen Gefühl nicht gefallen, wenn auch gleich einzelne Partien. Es fehlt die Hauptsache, Einheit des Plans und Einfachheit an der Stelle der Überladung. Viele kommen aber mit großen Erwartungen hierher, da sein Ruhm weit und breit erschollen ist. *Blessed, who exspects nothing, for he shall never be disappointed!* Mir war es erst nach zwei Stunden wieder recht wohl zu Heidelberg! Zwei der angenehmsten Erinnerungen wurden wieder recht aufgefrischt in diesen Gegenden, das große K.K.Lager mit den Manövers unter Erzherzog Karl im September 1797, das größte militärische Schauspiel, das ich sah, und dann das Andenken an eine liebenswürdige Schwärmerin, die zu Mannheim am Rhein niederfiel, unter Freudentränen aus der hohlen Hand sein Wasser trank und ihr Taschentuch in die Wellen tauchte. Vergebens bemerkte ich ihr, daß hier eine der armseligsten Gegenden sei, daß zwar Lavater auch geschwärmt habe, aber doch am Rheinfall und daß sie, um konsequent zu sein, bei Bingen, St. Goar und Koblenz sich geradezu in die grünen Fluten stürzen müsse, wo ich die Galanterie schwerlich so weit treiben würde, ihr – nachzuspringen!

Mit Wehmut sagte ich dem lieben Heidelberg noch jedesmal ein Lebewohl und auch selbst das letzte Mal, wo ich aus einem Biergarten kommend wegen einer höchst unschuldigen Handlung, die sich wahrlich nicht länger verschieben ließ und die ich, ob ich gleich von Mainz und Frankfurt kam, wo man sich nur allzuwenig geniert, in einem ganz abgelegenen Winkel verrichtete, in fünfzehn Kreuzer Strafe genommen wurde. Der Aufpasser, den ich wohl stehen sah, der aber, statt der Warnung, mit geduldiger *Malice* wartete, bis das *corpus delicti* klar und deutlich vor seinen und meinen Augen floß – brachte mein Blut in keine kleine Wallung und ich erhielt auf meine Anzeige hinreichende Genugtuung, da ich nichts von einem Verbote wußte. Lebe wohl liebes reinliches *Heidelberg!*

Gez. v. R. Höfle. Stahlst. v. Fr. Hablitscheck

STADT HORNBERG

Vierundzwanzigster Brief.

Streifereien im Main- und Tauberkreis.

Weinheim, Hemsbach und Lautenbach, wo die besten Bergsträßer Weine wachsen, sind die letzten badischen Orte, Heppenheim ist schon hessisch. Wir werden in einem späteren Bande auf diese gesegneten Gegenden sowie auf den Odenwald zurückkommen. Der Main- und Tauberkreis aber ist der badische Odenwald und der Norden des Großherzogtums, wo Hügel und fruchtbare Täler mit starken Wäldern abwechseln und schöne Viehzucht, Acker- und Weinbau die Menschen nähren. Der ganze Kreis besteht meist aus Mediatbesitzungen, bietet nicht viel Merkwürdiges und die wichtigste Stadt, wo auch das Kreisdirektorium seinen Sitz hat, ist Wertheim.

Der ansehnlichste Standesherr ist Fürst Leiningen, dessen Gebiet (ein kleiner Teil auch unter Bayern und Hessen) vierundzwanzig Quadratmeilen mit sechsundachtzigtausend Seelen und sechsmalhunderttausend Gulden Einkommen (aber auch viel Schulden) ausmacht. Das fürstliche und gräfliche Haus Leiningen (Linange) mußte sich aus den schönen Gefilden des linken Rheinufers in den rauhen Odenwald verpflanzen lassen. Der Fürst erhielt doppelt so viel als er verloren hatte, die Grafen aber kamen weniger gut ab. Der Fürst von Leiningen-Hardenberg-Dachsburg verwandelte sich in den Fürsten von Leiningen-Amorbach-Miltenberg, zu welchen Städtchen noch Eberbach, Mosbach, Sinsheim, Buchen, Külsheim, Bischofsheim, Lauda, Mudau, Walldürn, Boxberg etc. kommen – die Grafen von Leiningen-Heidesheim verwandelten sich in die von Billigheim und Neidenau und Leiningen-Westerburg-Schadeck das zur Entschädigung die Abteien Ilbenstadt und Engeltal in der Wetterau erhielt, aber an das Haus Solms-Wildenfels veräußerte, besitzt nur noch Westerburg und Schadeck – zwei Quadratmeilen mit viertausendfünfhundert Seelen und dreißigtausend Gulden – unter nassauischer Hoheit.

Die Grafen von Billigheim und Neidenau werden jeder etwa zweitausend Seelen besitzen, wenn wir Deutsche – russisch rechnen wollen.

Amorbach, die Residenz des Fürsten, liegt in einem angenehmen Grunde, eine Stunde von Miltenberg, auf den Höhen des Maintales an der Mudau, die bei Miltenberg in den Main fällt. Dieses letztere Städtchen mit seiner malerischen Lage wäre wohl geeigneter gewesen zu einer Residenz, wenn nur schon eine da gewesen wäre, folglich war das schöne Prälaturgebäude Amorbachs vorzuziehen. Dieses reiche Bendiktinerkloster wurde 714 gestiftet und sein erster Abt führt eben keinen klösterlichen Namen – Amor man müßte denn das Wort Liebe im Sinne des Evangeliums nehmen. Im Bauernkriege hausten hier die Leute, der helle Haufen genannt, übel und man weiß, wie selbst Götz von Berlichingen mit dem Abt umging und mit dessen silbernen Kelchen. Im Dreißigjährigen Krieg leerten die Schweden das Kloster, und Gustav Adolf schenkte es den Grafen von Erbach (wie den Hohenlohern Schöntal), die sich aber nach dem Frieden gefallen lassen mußten, hier bloß noch als Gäste zu erscheinen und der Heiligen-Feste und Konzerte der reichen Mönche zu genießen, die selbst ihrem alten Abt Amor keine Schande machten. Die benachbarte Amors-Quelle machte gläubige Odenwälderinnen furchtbar mit Hilfe der – Mönche, d. h. ihres Gebetes zu der Gebenedeiten!

Amorbach zählt jetzt als Residenz eines Fürsten über dreitausend Seelen – es sind viele neue Gebäude entstanden, die Kirche ist schön und selbst die Bibliothek nicht unansehnlich. Die Mutter des jetzigen Fürsten, eine Prinzessin von Coburg, heiratete den Herzog von Kent und hatte die Aussicht, die neue Stamm-Mutter der Könige Großbritanniens zu werden, wenn nicht eine andere deutsche Witwe des Prinzen Louis von Preußen und des Prinzen Solms-Braunfels, die Herzogin von Cumberland, ihr zuvorgekommen wäre. Wie es seit Aufhebung des Klosters mit der Amorsquelle stehe, ist mir nicht bekannt – dergleichen

Gez. v. K. Corradi — Stahlst. v. G. M. Kurz

KANDERN

Lebensquellen versiegen jedoch nicht so leicht und ein Hof wird doch nicht zurückbleiben hinter einem Kloster?

Von den übrigen leiningischen Städtchen, die oben genannt sind, so wie von Leimen, Wiesloch, Waibstadt etc. weiß ich durchaus nichts Bemerkenswertes, nur bei Neckarelz muß ich noch erwähnen, daß ich mich in der alten Kirche daselbst, die so gut den Templern gehörte, als die Kirchen zu Heppenheim und Weinheim, vergebens nach den freimaurerischen, atheistischen und obszönen Figuren und Symbolen umgesehen habe, wegen welcher Herr von Hammer zu Wien die armen Ritter neuerdings dem Feuer übergeben hat! Unsere Zeiten sind so kritisch, daß es mir ordentlich leicht um die Brust ist, daß die guten Ritter bereits in Asche verwandelt sind!

Der merkwürdigste Ort im Fürstentum Leiningen ist wohl Walldürn, der Wallfahrtsort – ein recht schmutziges wild in Wäldern liegendes Nest, wohin Wege führen, die wahrlich, wenn bei Wallfahrten Verdienst ist, das Verdienst erhöhen! Den widrigen Eindruck vermehrt die Armut der Walldürner, etwa zweitausend Seelen, und der Walldürnerfahrer, meist Leute, vor denen man zur Zeit der Andacht wohl die Türen verschließen darf. Der Gegenstand, der noch immer mehr Gläubige hierher führt als man vom neunzehnten Jahrhundert billig erwarten sollte, ist ein Altartuch, worauf 1130 ein unvorsichtiger Priester das heilige Blut verschüttete und sogleich bildeten sich eben so viele Christusköpfe von blutroter Farbe, als Tropfen verschüttet waren und in der Mitte der Gekreuzigte ganz. Die Abconterfeyung, die alljährlich zu Walldürn verkauft wird, zeigt alles deutlicher und hat die Inschrift:

> Hier seht das Blut Herr Jesu Christ,
> wie's zu Walldürn vergossen ist!

Ich sah leider in meiner geistlichen Blindheit auf dem Korporale bloße Flecken, und seufzte mit Sancho-Pansa, »Warum kann ich doch die Sachen nicht auch sehen, wie andere Leute!«

Vormals wallten wohl jährlich gegen hunderttausend Menschen hierher, Pfarrer und Kaplan nebst fünfzig Kapuzinern hörten von früh bis in die Nacht Beichte gegen Wachskerzen und bar Geld – man gab mir die Summe, die ein Jahr ins andere bloß die Kapuziner für Messen lösten, zu sechstausend Gulden an –, und die rotseidenen Faden, gestrichen am heiligen Tuche, die vorzüglich gegen Rotlauf helfen sollten, vermutlich weil sie rot waren – gab man auch nicht gratis. In den Wäldern geht es bunt zu, schon eine ziemliche Strecke von dem Gnadenorte ziehen die Waller Schuhe und Strümpfe aus – die Stätte ist heilig – und die Männer sind galant genug, den Weibern dabei zu helfen. Noch heute begegnet man in den vierzehn Tagen nach Fronleichnam Zügen, die mit dem Wanderstabe und unbedecktem Haupte, einen Sack auf dem Rücken, singend dahin wallen, auch wohl auf dem Neckar einherschiffen. Es ist mehr als fromme Einfalt und folgenreicher Unfug – aber wenn ich wieder an die anstrengende Arbeit und das lange Sitzen dieser Menschenklassen denke, so gönne ich diesen aufheiternden wohltätigen Spaziergang den Armen, die weder auf Reisen noch in Bäder gehen können, wie Reiche! Das Mittelalter verordnete ja sogar Wallfahrten bis zum Grabe des Erlösers, nach Rom und Compostell – und unsere Ärzte Badereisen nach Karlsbad, Pyrmont, Ems und an das Meer!

Das Maintal ist nicht ohne Reize. Viele Reisende, die es von Miltenberg bis Frankfurt oder Mainz recht gut kennen, haben schwerlich den Main aufwärts besucht, wozu mich 1813 auch allein die Kosaken nötigten, die sogar Extraposten anpackten und selbst in ihres Kaisers Hauptquartier zu Frankfurt kein Quartier gaben. Herzlich langweilig war diese Wasserreise, aber ich hatte alle Bequemlichkeiten im Schiffe – Lektüre, Tinte und Feder und volle Sicherheit. Das Idyllenleben der Schiffer interessierte mich und ich liebe Wasserreisen schon darum, weil das Schiff sich so sanft durch die Welt drehet, als die Erde um die Achse. Es waren von Frankfurt aus vierzehn Züge, d.h. jedesmal ein Haupt-

Gez. v. J. Pozzi — Stahlstich v. Joh. Poppel

DER MARKTPLATZ IN CARLSRUHE

Druck & Verlag v. G.G. Lange in Darmstadt

Gez. v. J. Poppel Stahlst. v. J. Richter

RONDEL MIT DEM PALAIS DER MARKGRAFEN IN CARLSRUHE

Gez. v. Jac. Pocci — Stahlst. v. Joh. Poppel

KATHOLISCHE KIRCHE UND STÆNDEHAUS IN CARLSRUHE

Gez. v. J. Pozzi — Stahlst. v. H. Huber

DAS RESIDENZSCHLOSS IN CARLSRUHE

VOM SCHLOSSGARTEN AUS GESEHEN

schiff von sechs bis achthundert Zentner Fracht, an welches kleinere angehängt waren. Ein solches Schiff à 1000 fl. ist oft das einzige Kapital seines Besitzers und führt eigene Namen, wie Kriegsschiffe. Es mochten ungefähr sechzig Menschen auf dieser Flottille sein. Männer, Weiber, Mädchen und Kinder und der Abend, wo man Anker warf, kochte, sang und ruhte, brachte viel Feuer in das bisherige holländische Stilleben!

Malerisch hangen die Ruinen von Klingenberg, mit dessen rotem Weine ich versorgt war und von Miltenberg, an roten Sandsteinfelsen – Miltenbergs Lage hat im Abendlichte etwas Zauberisches – aber gleich malerisch sind die weniger bekannten Ruinen mainaufwärts, zu Freudenberg, wovon sich eine fürstlich-Löwenstein'sche Linie schreibt und wo meist Israeliten wohnen – zu Kollenberg, Stammburg derer v. Rüdt und die dritte über dem Städtchen Prozelten. Zu Wertheim hatte ich denn doch die Wasserreise herzlich satt, gegen den Strom schwimmen ist mißlich und die Idee einer Fortsetzung bis Würzburg verging mir ganz, als ich hörte, daß die Schiffer vier Tage rechneten, während man zu Lande in sechs Stunden dahin gelangen kann!

Wertheim, ein altes Städtchen von 3 500 Seelen, worunter hundert Juden, liegt tief in der Schlucht, wo die Tauber sich mit dem Main vereint und ist recht häßlich, wenn gleich einzelne Gebäude sich auszeichnen. Die Straßen sind so eng, daß man wirklich nicht weiß, welches die rechte oder linke Seite ist, selbst der Markt ist eng. Die alte Burg ist aus dem zehnten Jahrhundert, aber so gut erhalten, daß das Archiv noch hier aufbewahrt werden kann, denn sie ist auf Felsen gegründet. Wohl dem, der auf Felsen bauen kann! Von ihr hat man eine schöne Aussicht, der ich aber doch die oberhalb des Kirchhofs an der Brücke noch vorziehen möchte. In der alten Kirche finden sich mehrere Monumente, unter denen sich das Grabmal Ludwigs von Löwenstein und seiner Gemahlin Anna, durch welche Wertheim an Löwenstein kam, auszeichnet, von Kern und in einem Gewölbe sind, so gut als zu Bremen, drei unverweste Leichname, darunter die 1634 verstorbene Gräfin Cätherle, wie sie das Volk nennt, trocken wie ein Stockfisch!

Weinbau und gute Schiffahrt, die Kreis-Regierung und die zwei kleinen Höfe, die hier und in Kreuz-Wertheim jenseits der Wasser, leben, verbreiten Leben und Nahrung in dem kleinen Städtchen und ehemals, wo die Straße durch den Spessart weder gebahnt, noch recht sicher war, muß Wertheim noch lebhafter gewesen sein. Der hiesige Wein ist berühmt, und echter Wertheimer steht dem Rheinwein gleich – aber du mein Gott, was wird nicht alles für Wertheimer ausgegeben, zumalen im Norden! Der beste wächst am Main am Remberg und an der Wetterburg, den die wenigsten zu sehen bekommen – es ist der König aller Frankenweine! Die Weine an der Tauber sind schon geringerer Güte. Der Wertheimer ist zwar nicht so stark und feurig als der Rheinwein, aber weit zarter und lieblicher und erhitzt nicht so, wie der Würzburger. Seine Güte steigt mit den Jahren und von Gicht und Stein hat man nichts zu besorgen. Im Jahr 1783 zahlte man für das Fuder 500 fl. Jeder Fremde gilt zu Wertheim für einen Weinhändler. Von der Blume des Wertheimers trank ich öfters zu Heubach. Der mir wohlwollende verstorbene Fürst ließ gewöhnlich zum Nachtisch eine Flasche kommen und abends brachte ein alter treuer Diener, heimlich noch einige aufs Zimmer zum Schlaftrunke!

Die alten Dynasten von Löwenstein, reich begütert in Schwaben und Franken, starben schon in der Mitte des fünfzehnten Jahrhunderts aus, der Letzte verkaufte die Grafschaft an die Pfalz, aber die schöne Klara Dettin wußte die Grafschaft von neuem zu gewinnen. Ihr Sohn Ludwig wurde Stammvater des jetzigen Hauses, das sich in zwei Linien teilte, Rosenberg und Freudenberg und letztere wieder in zwei, die beide zu Wertheim residieren. Diese mögen etwa acht Quadrat-Meilen mit 22000 Seelen und 180000 fl. Einkünfte besitzen, die Rosenbergische Linie aber, die auch schöne Güter in Böhmen, jedoch Schulden

Gez. v. K. Corradi — Stahlst. v. E. Höfer

K E H L

GEGENÜBER STRASBURG

hat – 13 Quadrat-Meilen, 30000 Seelen und 400000 fl. Einkünfte. Die Löwensteiner haben vier Souverains, Österreich, Bayern, Württemberg und Baden. Der Fürst Löwenstein-Rosenberg residiert in dem schönen Schloß Heubach unweit Miltenberg, das mit Recht unter bayerischer Hoheit ist, denn es ist erbaut mit bayerischem Gelde. Es liegt ganz isoliert am Main und der alte Hofnarr hatte so unrecht nicht, der da sagte: »Dein Schloß hat einen großen Fehler, wo du hinsiehst, siehst du in ein fremdes Land!«

Auf einer Höhe des hier endenden Spessarts und dicht am Main, Heubach gerade über, liegt das vormalige Kapuziner-Hospiz Engelberg, das eine herrliche Aussicht gewährt und ein berühmter Wallfahrtsort war, zu dem gar viele arme Sünder hinaufrutschten – ich ging stets hinauf, wenn ich zu Heubach war – ich bin ja auch ein armer Sünder – aber die größten waren sicher zu Miltenberg, die in Krankheiten armen Leuten vierundzwanzig Kreuzer gaben, um für sie die Staffeln hinaufzurutschen *pro remedio animae.* Und da ich von geistlichen Dingen rede, so muß ich auch noch der Wertheimer Bibel gedenken, die ein gewisser Schmidt, Hofmeister der Grafen, 1735 mit Anmerkungen herausgab; sie enthält nur die fünf Bücher Moses, denn der gute Mann wurde gefänglich eingezogen und das Werk durch ein Reichshofrats-Konklusum – konfisziert! Was ist stärker, diese Prozedur oder das Nachspiel der Kreuzfahrer, die Wertheimer Wallfahrer von 1781? Die Räte v. Hinkeldey, Vater und Sohn täuschten einen schwachen Fürsten – aber die Bürger Wertheims blieben standhaft und mutig mitten unter Würzburgischen Bajonetten und Kanonen!

Die werte Heimat machte mich doch zuletzt ganz engbrüstig, trotz des trefflichen Weins und des freundlichen geselligen Lebens, ich sehnte mich nach den Höhen; die Leute, die im Mittelalter um die Burg der Löwensteiner Schutz fanden, mögen ihren Ort aber mit Recht Wertheim genannt haben. Die Wege nach Würzburg gehen noch mit, aber die Steige nach Mergentheim und der ganze steinige Weg bis ins Taubertal? Nur mit zerschlagenen Gliedern verläßt man die werte Heimat. Desto freundlicher lacht das Taubertal entgegen von Bischofsheim, wo sich links die Straße nach Würzburg zieht, bis nach Mergentheim. Bischofsheim hat nichts Merkwürdiges, Distelhausen ist die Residenz des berühmten Weinhändlers Abendtanz und Gerlachsheim, vormals Prämonstratenser-Kloster die Residenz des Fürsten von Salm-Krautheim! Mancher Gebildeter im Norden wird dieses Fürstentum mit dem ländlichen Namen vielleicht weniger kennen, als das Dörflein Taubenheim!

Das Fürstentum umfaßt 5½ Quadrat-Meilen mit 14000 Seelen, 86000 fl. Einkünften und tüchtigen Schulden. Es besteht aus dem Amt Grünsfeld, wo ein vorzüglicher Tauberwein wächst, Ballenberg, wo der Bauernaufruhr ausbrach und Krautheim an der Jagst, von dessen alter Burg Götz von Berlichingen den Bundeshauptmann – auf die Kirchweih geladen hat, wie wir von Goethe selbst wissen. Hinter dem Städtchen Königshofen, von dessen Mauern ich nicht begreifen kann, wie sie noch nicht umgefallen sind, berühmt durch einen Markt, wie die Mußwiese zwischen Kirchberg und Crailsheim, auch durch die Bauernschlacht von 1525, gelangt man an Württembergs Grenze. Wir aber bleiben im Badischen und gehen nach dem nahen Boxberg mit einer berühmten alten Burg und etwa 1000 Seelen. Über dem Burgtor sieht man das Wappen der Rosenberge mit der Zahl 1547 und die Figuren einer Frau mit Töpfen und eines Mannes mit einem Beil. Albrecht von Rosenberg, lautet die Sage, drückte die Fröhnder beim Burgbau, die edle Hausfrau aber milderte ihr Schicksal wo sie konnte und trug Speise und Trank zu. Der Ritter schlich ihr eifersüchtig mit dem Beile nach, erkannte seinen Irrtum und stiftete diesen Stein. Diese Ritter von Rosenberge führten ein wildes Ritterleben – entmannten sogar die Diener des Herrn oder – *comprimerent testiculos ferreis instrumentis seris occultissime clausis!* Boten von Mainz, Würzburg und Pfalz nötigten sie, ihre Briefe aufzufressen, bis endlich die Fürsten dieser Länder 1470 dem Unfug ein Ende machten und der Schwäbische Bund das Raubnest 1523 zerstör-

Gez. v. R. Höfle

Stahlst. v. Joh. Poppel

KENZINGEN

te. Ein Albrecht von Rosenberg baute es zwar wieder auf, verkaufte es aber zuletzt an Kurpfalz. Boxberg kam sogar aufs Theater durch Maiers Sturm von Boxberg!

Die Straße von Boxberg über Adelsheim – ein armseliges, aber malerisch gelegenes Nest, der Familie dieses Namens gehörig – über Neckarelz und Wimmersbach nach Heidelberg ist jetzt in einem besseren Zustande, als sonst, wo ich den Weg öfters machte und von Heidelberg über Leimen und Wiesloch (in der Nähe Bad Langenbrück) nach Bruchsal oder von Mannheim dahin über Schwetzingen und Waghäusel noch besser. Waghäusel war ein Speyerisches Lustschloß und berühmter Wallfahrtsort, wo ehrwürdige Kapuziner die Andacht bedienten. Rechts sieht man die Reichsfestung Philippsburg, ¼Stunde vom Rhein an der Salzbach, das so viele Belagerungen auszuhalten hatte, die schrecklichste aber 1799, wo Bernadottes-Bomben den Ort fast ganz einäscherten, Rheingraf Salm aber heldenmäßig die Werke verteidigte. In den Laufgräben von Philippsburg nahm auch 1734 eine Kanonenkugel dem trefflichen Marschall von Berwick das Leben und Villars rief: *Cet homme – là a toujours été heureux!* Villars sagte die zwei größten Vergnügungen seines Lebens wären eine gewonnene Schlacht und ein erhaltener Schulpreis! Philippsburg ist nicht mehr Festung, das kleine, schöne, wiedererbaute Städtchen von tausend Seelen braucht nun nicht mehr zu bangen und hat für ausgestandene Angst wenigstens – Gärten.Um Philippsburg wächst auch eigentlich der sogenannte Pruhrheiner, dessen Namen von den Brüchen oder Rheinsümpfen abgeleitet wird; der Name des sauren Saftes könnte aber auch von dem kopfschüttelnden Ausruf kommen – Pru-hu-hu!

Bruchsal, einst Residenz der Fürstbischöfe Speyers, hat ein sehr schönes Schloß mit umliegenden guten Gebäuden. Das Städtchen selbst aber von 5 500 Seelen, ist unbedeutend. Es ist ein geistliches Seminar hier und vor der Stadt eine Saline, die das zu Upstadt quellende Salzwasser zubereitet, neben Mosbach die einzige Saline Badens, die jährlich 4 000 Zentner liefern soll. In den ersten Jahren der Revolution hauste zu Bruchsal Prinz Condé, in dessen Gefolge vierzehn Hof-Kavaliere, vierundzwanzig Adjutanten, hundertundfünfzig Kammerdiener, Stallmeister, Köche etc. waren und vier Damen ersten Ranges, nebst noch vierzig anderen – der letzte Fürstbischof lebt in der deutschen Geschichte teils durch seine Strenge, teils durch seine mit Mainz gleichförmige Abstimmung gegen Frankreich, das gütlichen Vergleich bot – mit starker Stimme vorzuschreiten. Aber er war auch der letzte der – Styrum!

Auf der Straße von Bruchsal nach Durlach bleibt Bretten zur Seite, auf dessen Markte die Bildsäule K. Friedr. II von der Pfalz steht, mehr aber interessiert das kleine Häuschen, wo der sanfte und gelehrte *Melanchthon* das Licht der Welt erblickte, das er so wohltätig vermehrte. Es scheint uns jetzt doch sonderbar, wie der gescheite Mann kurz vor seinem Hintritte (1560) sich auf den Tod freuen konnte, weil ihn solcher nicht nur von der Sünde, sondern auch von der *rabies Theologorum* befreie und er Gott und Jesum von Person kennen lernen werde, – die zwei Naturen in Christo und das wahre Wesen der Mysterien! Zwischen Bretten und Eppingen liegt auch seitwärts Sickingens Stammburg, noch im Besitz der Familie, und das Wahrzeichen Brettens ist das an der Kirche stehende Hündchen ohne Schwanz, daher nennt das Volk einen, der den kürzeren gezogen hat, das Hündchen von Bretten!

Durlach, einst Residenz der Baden-Durlachischen Linie, hat eine schönere Lage als Karlsruhe, und dicht davor erhebt sich der Turmberg mit einer Ruine, von der man Straßburgs Münster, sieben Meilen entfernt, wie einen schwarzen Stift am Horizont erblickt. Von diesem turris ad lacum, den viele allzu patriotisch für Römerwerk ausgeben, der aber eher die Warte der Burg Grechingen war, soll der Name Durlach rühren. Das Städtchen von 4 000 Seelen ist die Wiege des einst gefeierten Posselts, dessen Annalen ihn reicher machten, als deutsche Gelehrte zu sein pflegen. Er schwärmte offenbar für Frankreich und endete in Schwermut zu Heidelberg 1804. Sein bestes Werk ist wohl

Gez. v. R. Höfle — Stahlst. v. G. M. Kurz

CONSTANZ

VON DER SEESEITE

Gustav III. Am Tore Durlachs sieht man in das Tor von Karlsruhe und eine der schönsten und ältesten Pappel-Allen Deutschlands führt uns längs einem Kanal, binnen einer Stunde, nach der Hauptstadt des Großherzogtums.

Fünfundzwanzigster Brief.

Karlsruhe und Rastatt.

Karlsruhe, die Hauptstadt des Großherzogtums, obgleich Mannheim lange um den Vorzug buhlte und auch mit Recht verdient und erlangt hätte, läge es nicht an der Grenze, liegt in der Mitte des Staates, ein und eine halbe Stunde vom Rhein, in einer flachen, sandigen, nichts weniger als schönen Gegend, die gegen den Rhein hin immer schlechter, gegen die sanftaufsteigenden Berge des Schwarzwaldes aber immer besser und schöner wird. Ein Jagdschloß war der Ursprung der Stadt, wie uns eine am Eingange des Schlosses gestandene lateinische und deutsche Inschrift sagte: »Im Jahr 1715 war ich Wald, ein Liebhaber der Ruhe wollte hier im Stillen seinem Schöpfer leben, aber ubi homo, ibi mundus, das Volk kam auch herbei – vide Viator! homo proponit, Deus disponit – also keine Ruhe, so lange die Sonne scheint und nur in Gott 1728.«

Karlsruhe liegt mitten im Hartwalde, wie Fontainebleau, zu dem sich das Schloß verhält wie Baden zu Frankreich, und aus dem Jagdschloß ist eine hübsche Residenz geworden von 15–16000 Seelen, worunter tausend Juden, ohne das Militär von 2500 Mann mitzuzählen. Die Stadt hat die Figur eines Fächers, wobei man unwillkürlich an die Gedichte unserer Alten denkt, die sie pedantisch an die Form von Altären, Kelchen, Kreuzen etc. zu zwingen suchten. Die Spitze des Fächers macht das Schloß oder der Bleiturm, von wo zweiunddreißig Strahlen in den durchgehauenen Hartwald auslaufen und neun davon sind die Straßen der Stadt, folglich noch Platz für dreiundzwanzig Straßen. Von diesem Bleiturm allein, dem Mittelpunkte der ganzen sonderbaren Anlage, kann sich der Fremde gehörig orientieren und alle Karlsruher können von ihren Straßen aus den Turm sehen, was die Bauleute des Turmes zu Babel vergebens beabsichtigten. Der hübsche Schloßplatz heißt der Zirkel und die ihn im Halbkreise umgebenden Häuser

Gez. v. K. Corradi — Stahlst. v. Joh. Poppel

L A H R

haben Arkaden. Die übrigen Straßen, die neueren Anlagen abgerechnet, die seit der Vergrößerung des Landes entstanden und nicht mit der Eile gebaut sind, wie die alten hölzernen und niederen Häuser in der 1/4stündigen Straße vom Durlacher- bis zum Mühlburger Tore – sind nicht schön, höchst einförmig und es fehlen nicht nur Paläste, sondern auch die bunte in den Straßen wogende Menge. Karlsruhe wurde so lineal- und winkelrecht erbaut als Mannheim, aber Monotonie erregt leicht Atonie!

Die Umgegend, die selbst wasserlos ist, hätte einmal nicht schlechter für eine Hauptstadt gewählt werden können und ist schlechter noch als die von München. Weit besser wäre dazu das zwei Stunden entfernte, am Rhein liegende Schrökh gewesen, das gewerbsame Städtchen, wo ein Überfahrtsort und viel Spedition ist, denn alle vom Niederrhein nach Oberschwaben, Schweiz und Italien gehenden Güter werden hier ausgeladen. Aber wie mächtig Vaterlandsliebe in den Schwachen ist, kann man an dem Karlsruher Professor Sander sehen, der da sagt: »Einem Karlsruher kann Augarten und Prater nicht merkwürdig sein.« Der Pedant muß da geschlafen, oder hinter einem Busche in die Donau gestarrt und meditiert haben! Der Professor der Naturgeschichte sagt an demselben Orte: »Viel schöne Gesichter sieht man in Wien nicht.« Natürlich! Der Mann sah nur – Naturalien und es ging ihm wie Duval, der Kaiser Josefs schöne Schwestern gar nicht kannte, ob er gleich am Hofe lebte und Josef entschuldigte ihn: »Meine Schwestern sind ja keine Antiken!«

Seit Vergrößerung der Hauptstadt fließen der Weiler Klein-Karlsruhe und das ehemalige Kloster Gottsau mit der Stadt zusammen, so wie Bessungen bald mit Darmstadt zusammenfließen wird, gleich den Dörfern um London mit *the Town!* Nach dem Schloß mit seinem hübschen englischen Park und dem kleineren der markgräflichen Witwe, wo das schöne Monument ihres bei Arboga in Schweden verstorbenen Gemahls von Scheffauer sehenswert ist, sind die von Weinbrenner neuerbauten Kirchen, die evangelische und katholische, das Theater, die Synagoge, das Zeughaus und Museum, vorzüglich aber der Palast der Gräfin Hochberg, wo mir vier treffliche Ansichten des Bodensees von Kuntz gefielen, die zugleich die vier Tageszeiten vorstellen, der Aufmerksamkeit würdig. Am schönsten nimmt sich Karlsruhe aus – auf dem Plane oder in Beleuchtung. Manches Städtchen imponiert dem Reisenden weit mehr nachts als am anderen Morgen, manches Dorf sogar ist weit schöner im Winterkleid als im Sommer und selbst die prächtige Marmorstadt Venedig gewinnt man nachts lieber, wenn die Menge auf St. Marco herumwogt, die Gondeln Lichter haben und alles beleuchtet ist bis zum Rialto!

In der Gemälde-Galerie, wo die meisten Stücke Niederländer sind, interessierte mich zunächst der Nestor unserer Fürsten, Karl Friedrich, sodann Colbert, eines der besten Stücke Champaignes und die vaterländischen Dichter und Philosophen Schlosser, Jakobi, Hebel etc. Es ist juris gentium, daß Virtuosen aller Art unter gekrönten Häuptern und Fürsten figurieren, warum nicht auch ihre verdienten Minister, Geschäftsmänner und alte treue Diener? Weit häufiger sieht man die Bildnisse der Mätressen, Hofnarren, Leibpferde, Leibhunde, Schlachten und Jagdstücke und doch sind jene die in der Uhr verborgenen Räder von Messing und Stahl, welche den goldenen Zeiger drehen!

Man findet hier auch die vornehmsten Gipsabgüsse der Antiken – darunter ein Abguß von Canovas kolossaler Büste Napoleons – ein schönes physikalisches und naturhistorisches Kabinett und eine ziemlich vollständige Mineraliensammlung. Das Gymnasium ist trefflich. Belustigungsorte um Karlsruhe sind: das nahe Promenadenhaus, Beyersheim, wo Bäder sind, Mühlburg, Gottsau und Durlach. Zu Blankenloch ist das Jagdschloß Stutensee mit einem Gestüt. Der berühmteste Mann zu Karlsruhe war, nach Karl Friedrich – Schmieder, der viel zu gut für einen Nachdrucker endete, denn man gab ihm, als er in Dürftigkeit sank, eine Kanzlistenstelle. Oft war ich in Karlsruhe und stets mußte mir Klopstock einfallen, der hochverehrt von Fürsten und

Gez. v. J. Lange   Stahlst. v L. Rohbock

LAUFENBURG

belohnt mit einer Pension, neben seiner dänischen – doch nur zur Marschallstafel geladen wurde, die er ausschlug! Der Dichter hatte Unrecht, denn der Fürst konnte sich einmal nicht über die Etikette so leicht wegsetzen, noch mehr Unrecht aber die, die soviel Gerede davon machten. Wenn sich der Adel isoliert, verliert er in unseren Zeiten am meisten dabei und der Bürgerliche ist ein Schwachkopf, der über die Isolierung sich beklagen mag; auch war der Sänger des Messias zwar Meister im Schlittschuhlaufen – aber gewöhnliches Glatteis und Hof-Glatteis sind zweierlei!

Von Karlsruhe führt eine schöne Pappel-Allee nach dem sechs Stunden entfernten Rastatt, das in sumpfiger flacher Gegend an der Murg liegt. Man kommt durch das halbverfallene Städtchen Ettlingen mit einem Schloß, wo einst die große Pfirsichpflanzung war, die der von Montreuil wenig nachstand, wenn wir gleich keine Prinzen hatten, die sechs Pfund für das Stück bezahlten. Lange zuvor, ehe man Rastatt erreicht, sieht man den vergoldeten Jupiter auf dem roten Schloß in der langweilenden geraden Allee. Dachte sich der Erbauer vielleicht als Jupiter tonnans, weil er General war oder wollte er damit zeigen, daß der, der den Donner in seiner Hand hält, auch über dem Regenten schwebe, wenn solcher zuviel donnere? Markgraf Louis, der selbst mit der bigotten Gattin Verdruß hatte, weil er einen Heiden und keinen Heiligen auf das Schloß stellte, donnerte viel im Felde, zu Hause aber – machte er es wie der Donnersberg, der vom Nichtdonner seinen Namen hat, wie hätten sonst die Erben zu Karlsruhe eine solche heillose Wirtschaft finden können?

Rastatt, das nach dem großen Brande 1689 regelmäßig aufgebaut wurde, hat etwas Heiteres, wenngleich das Städtchen mit 4 000 Seelen ziemlich tot ist. Das Schloß ist seine Hauptmerkwürdigkeit, kostete aber auch seinem Erbauer, Markgraf Louis, der von Baden dahinzog, wenigstens zwölf Millionen! Nach solchem wüßte ich nur noch die sogenannte Stahlfabrik der Gebrüder Slaff zu nennen, die lange in England waren, treffliche Waren, vorzüglich Wagen liefern, aber auch englische Preise machen. Das Schloß liegt auf einer kleinen Anhöhe und imponiert daher desto besser. Es ist in einem guten Stil, aber rot angestrichen und daher nennt es der Verfasser des bekannten Lexikons von Schwaben, der einmal gegen alle farbigen Häuser in komischen Eifer gerät, ein Fleischerhaus und schon die Idee – einen krassen Gedanken. Ich kenne viele Leute, die auch Italien und das Schöne kennen, sich aber an keinen farbigen Häusern stoßen, wenn sie nur sonst schön sind und die blaßroten, blaßgelben, blaßblauen, blaßgrünen und blaßgrauen Häuser so schön finden als die schneeweißen!

In diesem Schlosse, wo auch die türkischen Trophäen des badischen Helden Louis aufbewahrt sind, zeigt man das Zimmer, in welchem Eugen und Villars 1714 Frieden schlossen ohne alle Umstände. Sie umarmten sich und Letzterer rief im Gefühl der Größe seines Gegners: »Längst sind wir Freunde. Ihre Feinde sind zu Wien und die meinigen zu Versailles.« – Man zeigt ihre Tintenflecken, die ich lieber sah, als die zu Wartburg – theologische Teufelsflekken – aber jetzt zeigt man auch politische Blutflecken, die noch mehr auf sich haben, womit der langweilige Kongreß vom November 1797 bis April 1799 endete! Bonaparte verließ Rastatt schon in den ersten acht Tagen, weil er wohl einsah, daß hier nicht à la Eugen und Villars Friede werden könnte – aber niemand träumte es, daß sich die vielen Pappeln umher, statt der gehofften Friedenspalmen in Zypressen verwandeln würden. Der Gesandten-Mord bleibt ein ewiger Schandflecken für unsere National-Ehre, verübt vor den Toren der Stadt in der Schreckensnacht des 28. April, und noch liegt über der Freveltat gegen die Rechte der Gesandtschaften bei allen gebildeten Nationen, mögen auch die Citoyens-Ministres noch so ungeschlacht gewesen sein, wie ihre Forderungen, der dichteste Schleier!

Napoleon erwähnt in seinen giftigsten Manifesten gegen deutsche Staaten nie dieser beinahe schon vergessenen Bluttat, denn er beging 1804 eine noch größere am *Duc d'Enghien* – aber deutsche National-Ehre erforderte solche nicht

Gez. v. K. Corradi — Stahlst. v. J. Richter

E
LORRACH

zu vergessen, wenn auch gleich einige wegen dieser Bluttat Rastatt Rachstatt nannten, als ob sie solche billigten. Dieses Wortspiel machte indessen weniger Glück als ein anderes, worüber wenigstens die Straßburger Hetäre Mlle. Victoire nie klagte, *»Allez vaincre la Victoire!«* Die Geschichte ist häßlicher, als die 1540 an dem Spanier Rincon und dem Genueser Fregoso, die Kaiser Franz I. von Turin aus auf dem Po nach Venedig und Konstantinopel senden wollte, verübte Mordtat. Der kaiserl. Statthalter zu Mailand *Marchese del Vasto* sandte einige Soldaten in Fischerkähnen, die jene angreifen mußten, und da sie sich wehrten, so wurden sie ermordet. Kaiser Karl V. scheint unschuldig, Vasto behauptete, er habe bloß der Personen und ihrer Papiere sich bemächtigen wollen und auf jeden Fall reisten sie weder unter diplomatischem Charakter, noch weniger waren sie zu Mailand akkreditiert. Wahrlich! Man sollte den verstorbenen Anstifter des Mordes, den die meisten Diplomaten des Kongresses zu kennen glauben, weil sie seinen rohen leidenschaftlichen Charakter kannten und einer sogar jetzt öffentlich genannt hat, bestimmt nennen, damit nicht edlere Charaktere mit dem häßlichen Verdacht besudelt aus der Welt gehen!

Während dieses erbärmlichen Kongresses, der gleichsam dem Namen des Orts entsprechen wollte und ein langer Rasttag war, wo man vergebens *bonne mine à mauvais jeu* machte und wenn man sich nicht über die *fierté republicaine* manches Galliers, nicht wert Deutschen die Schuhriemen aufzulösen, ärgerte, doch über die *prix de Congrès* ärgern mußte, (selbst im Dekerischen Buchladen, der indessen nebst dem guten Theater und Kasino, die angenehmste Entlangeweilung darbot) hatte man alle Zeit die Umgegend, ja selbst das ganze Baden kennenzulernen und ich habe es an Exkursionen nicht fehlen lassen. Die nächste und angenehmste Promenade, nächst dem noch näheren Schloßgarten, der aber freilich verwaist ist, ist die Pappel-Allee nach der Rheinau neben einem Kanal, wo sonst die große abgestandene Eiche von 32′ im Durchmesser, jetzt aber das kleine Denkmal der ermordeten Gesandten merkwürdiger ist. Der Gang nach der *Favorite* ist noch angenehmer. Hier machte die letzte Markgräfin Baden-Badens, die letzte Prinzessin vom Hause Lauenburg und Witwe des Helden Louis, die sündhafte Sibilla, die reuige Magdalena. Man sieht noch an den Wänden die Streifen des starkgesalzenen Weihwassers, womit in heiliger Zeit die Zimmer bespritzt wurden – ihre Geißel und Kissen mit Nadelspitzen – den irdenen Napf, aus dem sie speiste und die Bilder von Jesus, Maria, den Aposteln und anderen Heiligen, mit denen sie an einem Tische saß, ihnen Speise vorlegte von ihr selbst zubereitet, die aber den Armen zuteil wurde, weil die Heiligen alle kein Maul auftaten!

Oft ging ich nach Plittersdorf und Steinmauren am Rhein – es ist eine der uninteressantesten Gegenden um Rastatt, die nur gegen das Gebirge hin schön werden – aber der Rhein? Ich setzte mich an seine hier nichts weniger als schöne Ufer, starrte in seine grüne Fluten, brachte dem großen Geist eine Pfeife, wie der Wilde am Niagara und ging dann vergnügter wieder nach Hause. Schade, daß hier und am ganzen Oberrhein wegen der Sümpfe des Altwassers die sogenannten Rheinschnaken eine wahre ägyptische Plage sind – nicht die kleinen Pferdchen, die auch so heißen – sondern die kleinen Ungeheuer (Tipulae), die gleich den Moskiten der heißen Erdstriche quälen. Wenn man in seidenen Strümpfen oder ohne Handschuh ist, möchte man sich dem Beelzebub oder Gott der Fliegen ergeben und wird nicht abgeneigt, diese Tierchen mit D.Luther für lauter kleine Teufel zu halten, denn nur vom Elefanten sagt man *non curat culicem.* Die Franzosen nennen sie *Cousins* und sie sind auch so unverschämt und lästig als manche Vettern. *Je ne sais, s'ils sont parens, mais ils nous cousinent toujours!*

Unterhaltender war der Entenfang, 1½ Stunde von der Stadt, der eingegangen sein soll. Diese Art Jagd ist bequemer als die Sinesische, wo der Jäger im Wasser schwimmend, den Kopf in einem hohlen Kürbis, sich den Enten

Gez. v. K. Corradi | Stahlst. v. J. Umbach

LUDWIGSHAVEN

nähert und sie bei den Füßen unter das Wasser zieht. – Hier sitzen an trüben Tagen wilde Enten zu Hunderten im Schilfe, wie Pinguine, nur daß sie nicht so komisch lassen, wenn anderes die Vergleichung mit den Kindern in den Hussiten vor Naumburg nicht hinket – Futter und Lock-Enten ziehen sich nach dem Kanal – sie merken nicht, daß ihr Wasser immer schmäler wird, ja nicht einmal das über ihnen gespannte Garn – plötzlich erscheint oberhalbs der Jäger oder sein Hund – sie fliegen auf, stoßen an das Garn, flattern aber immer weiter vorwärts in die immer enger werdende Öffnung, die mit einer Art Fischreuse endet, wo der Jäger einer um der anderen – den Hals umdreht. Noch keinem dieser dummen Vögel ist es eingefallen – rückwärts zu fliegen, selbst nicht in der Revolutionszeit und bei den *mouvemens retrogrades* in der Menschenwelt! Aber machen wir es besser? Lassen sich die Enkel nicht wieder in demselben Netze fangen, mit dem man ihre Väter und Großväter gefangen hat?

Allerliebst ist der Abstecher ins Bühlertal, bedeckt mit Kastanienbäumen, die sich in diesem Klima gewiß veredeln ließen und verschönert durch Burg-Ruinen, vorzüglich durch Windeck. In der Nähe ist das Frauenbad Hub und nicht ferne ein für viele Männer noch interessanterer Ort Affental, wo der herrliche deutsche rote Burgunder wächst. Die Hub ist ein kleines niedliches Bad in der Ortenau, vier Stunden von Baden in einem allerliebsten Tal und da das Wasser im Rufe steht zu befruchten, so wird es häufig von Frauen besucht, was die getreuen Nachbarn und selbst die sieben Stunden entfernten Straßburger wissen und recht gerne den Ruf des Bades aufrecht erhalten. Manche Ehemänner werden darüber stumm, wie Zacharias mit seiner Elisabeth, nachher aber nur desto lauter! Ein gewisser D. Eschenreuter besang schon 1571 dieses Bad:

> Die Frauen, die gern fruchtbar wären
> die sollen des Bades nicht entbehren
> ist auch gut für lahme Glieder,
> hilft's einmal nit, so kommt nur wieder!

Links begleiten den Wanderer die malerischen Gebirge des Schwarzwaldes, rechts das minder schöne Rheintal – man kommt über Bühl, Ottersweier nach Sasbach, wo sonst ein viereckiger Stein unter einem Baum in drei Sprachen sagte, wer hier gefallen sei – *Ici fut tué Turenne – hic cecidit Turennius d. 27. Julius 1675* – »hier ist Turennius vertötet worden!« Die Offiziere der Straßburger Garnison pflegten sonst am Todestag des Helden hierher zu reiten und errichteten auch den alten bemoosten Feldstein, der interessanter war als die von Kardinal Rohan erbaute Marmorsäule, neben die noch ein Häuschen für einen Invaliden kommen sollte. Letzteres geschah nicht und jetzt ist auch die Marmorsäule eingestürzt. Moreau stellte 1796 hierher eine Ehrenwache!

Turennes Scharlach-Mantel zeichnete ihn dem feindlichen Kanonier aus und ein rotes Kleid oder ein Schimmel in der Schlacht sind gefährlicher als rote Westen und Hosen. Turenne soll ein großer edler Mann gewesen sein, aber in Deutschland führte er seine Krieger, nicht wie Moreau, sondern grausam und blutig. Er war ein großer General, aber darüber hätte man doch seinen Begleiter S. Hilaire nicht ganz vergessen sollen, den Turennes Todeskugel neben ihm verwundete und der seinem zur Hilfe eilenden Sohne sagte, auf Turenne zeigend: »Seiner bedarf das Vaterland, ich kann sterben!«

Und wer wollte nicht die gewerbsamste Stadt Badens, die Wiege des Wiederherstellers der griechischen und hebräischen Literatur, Reuchlins heimsuchen – das alte Pforzheim? Der Weg führt auf guter Kunststraße über Neuenburg und die berühmten Klöster Herrenalb und Frauenalb vorüber in das Tal der Enz, wo Pforzheim am Zusammenfluß der Nagold und Würm mit der Enz liegt, an der Pforte des Schwarzwaldes. Reuchlin wollte zwar den Namen von dem Trojaner Phorky ableiten, Melanchthon aber behauptete, solcher käme von der Römer Porta Herciniae, Pforte des Hains und mag mehr recht haben. Alt ist die Stadt, das sieht jedes Kind und gewiß wissen wir, daß sie lange vor

Gez. v. R. Höfle
Stahlst. v. J. Richter

INSEL MEINAU IM BODENSEE

Durlach Residenz der Markgrafen gewesen ist. In ihr starb auch der unruhige Markgraf Albrecht von Brandenburg und unsterblich in der deutschen Geschichte sind die vierhundert Pforzheimer, die unter ihrem Bürgermeister Deimling in der Wimpfer Schlacht 1622 gegen Tilly fielen, wie die dreihundert Spartaner bei Thermopylae und die vierhunder Römer in Sizilien!

Pforzheim mit 5 000 Seelen hat gute Tuchmanufakturen, Eisenhämmer und Bijouterie-Fabriken (von ausgewanderten Genfern angelegt, aber im Verfalle), Gerbereien und Linnenbleichen, vorzüglich aber bedeutenden Holzhandel. Die württembergische und badische Holländerflöße, die von Nagold und der Enz kommen, gehen hier vorbei nach dem Rhein. Es ist ein Irrenhaus hier und auch ein Fräuleinstift, das ein Menzingen 1721 stiftete. Das goldene Stiftskreuz der Damen hat ein Herz mit einem gekrönten Totenkopf am weißen Bande und der Devise: »Der Frommen Lohn, der Gnaden Kron.« Die Fräulein dürfen aber auch, wie die zu Oberstenfeld, die Sache anstehen lassen, ihr Herz einem irdischen Bräutigam, wenn sich einer findet, zum Tempel geben und Wohnung bei ihm machen.

Straßburg wurde während des Kongresses am stärksten besucht und ich selbst ermangelte nie den damaligen republikanischen Volksfesten beizuwohnen, ob sie gleich längst zur Kinderei herabgesunken nur schmerzhaft an das wahre erhabene Nationalfest vom 14ten Juli 1790 auf dem Marsfelde erinnerten, welcher Platz gar wohl zum Platz des jüngsten Gerichts dienen könnte, wenn das Tal Josaphat nicht ausreichen sollte. Die Stadt war an solchen Tagen natürlich am lebhaftesten, interessante Männer da versammelt und im *Hotel du Bas-Rhin* stets ein Gedecke für mich bereit beim *Repas civique!*

Der Weg dahin ist langweilig – ein Teil der Rastatter Heide und der Rhein fließt zu tief, um gesehen zu werden, aber angebaut ist doch alles. Man sieht die Ruinen von Fortlouis und die Umwohner erinnern sich noch heute der schrecklichen Erschütterung und des Donners, als die

Österreicher die Feste in die Luft sprengten. Man kommt Stollhofen vorüber, berühmt durch die Linien, die Markgraf Louis, der österreichische Feldherr 1703 von Philippsburg über hier bis an Schwarzwald zog, die aber 1709 gesprengt wurden, wie Wurmsers Weisenburger Linien 1794 – *c'est la faiblesse qui fait des lignes, et c'est la faiblesse qui les défend. Guibert.* – Man kommt der schönen Prälatur Schwarzach zur Seite, über Ulm, Lichtenau, Bischofsheim und Kehl zur Rheinbrücke. Mit vier raschen Holsteinern war ich in der Regel in Straßburgs Mauern binnen sechs Stunden. Auf einer Rhein-Insel Fortlouis gegenüber zog der rohe österreichische Oberste Menzel 1744 seine Beinkleider ab, ein französischer Posten nahm die dargebotene lebendige Scheibe zum Ziel und traf das Schwarze so genau, daß Menzel nie mehr nötig hatte, die Hosen an- oder abzuziehen!

Straßburg ist nicht mehr deutsch, wenngleich die alte ehrwürdige und feste Matrone, entstellt durch den neumodischen Kopfputz von Paris, noch immer manche deutsche reichsbürgerliche Sitte und Sprache aufzuweisen hat und noch fest am Reiche hing, während ganz Elsaß längst französisch war. Nur durch Verrat ihres Magistrats warf sie sich 1682 in Louis XIV. Arme, sein Vauban baute die Zitadelle mit der Inschrift: *Servat et observat,* und eine besondere Medaille verkündigte: *Clausa Germanis Gallia!* – Straßburg ist nicht mehr deutsch, daher hier kein Wort von der angenehmen Stadt, ihrem Turme Babel, der nur 15′ niederer ist als die größte Pyramide Ägyptens, Erwins Meisterstück, vom Broglio, der Rupprechtsau und der Thomaskirche mit Pigals schönem Monumente des Marschalls von Sachsen – und noch weniger vom Theater, dem heiligen Geist, den Schönen Straßburgs und dem angenehmen geselligen Leben, das die Mitte hält zwischen Gallicismen und Germanismen, gerade wie im schönen Wattlande!

Kein deutscher Sprachforscher sollte Elsaß und Lothringen unbesucht lassen, denn hier haben sich Sprachschätze erhalten, die im Hochdeutschen verloren sind, gerade

MANNHEIM

VON DER RHEINSEITE AUS GESEHEN

Gez. v. J. Pozzi. Stahlst. v. Joh. Poppel

DER FREIHAFEN ZU MANNHEIM

THE FREE HAVEN AT MANNHEIM

PORT LIBRE DE MANNHEIM

Gez. v. J. Pozzi

Stahlst. v. M. Kolb

MARKTPLATZ IN MANNHEIM

MARKETPLACE AT MANNHEIM

PLACE DU MARCHÉ À MANNHEIM

wie in der Sprache der Platten. Das Elsässer Deutsch war mir so unterhaltend, daß ich nie französisch sprach, um deutsch zu hören und an das alte Er muß man sich nicht stoßen, es kommt ja von Herr! Aber wehe dem Ausländer, der hierher kommt, um *les deux langues* zu studieren! Französisch meinetwegen – aber deutsch? Noch weit eher zu Tübingen! Gerade so mag es in dem Städtchen Unter-Italiens mit der lateinischen und griechischen Sprache gegangen sein, wovon Freund Horaz spricht und es *Bilinguis* nennt; man wußte jedoch nichts von einem *Dictionnaire de deux Nations,* was sich damals eher hätte entschuldigen lassen, als jetzt, wo es mehr Nationen gibt als – Deutsche und Franzosen! Zur Zeit der Revolution waren die Elsässer noch in einem schlimmern Sinne Zweizüngler und machten Ultra-Franken, so wie wir Ultraliberale haben mit dem Munde im Gefühle des Mangels an Liberalität im Herzen. Von Herzen aber ging es wohl dem Polizeimann, den ich 1792 bei Austeilung der Pässe sagen hörte: »Gehet hin, in alle Welt und prediget das Evangelium!« Übrigens habe ich alle Achtung vor dem schönen Elsaß, vor seinen herrlichen Weinen und der darauf gegründeten Heiterkeit und Gemütlichkeit der Bewohner, die auf dem Lande noch immer Halb-Deutsche sind, wie selbst in Lothringen. Alle Achtung, aber mein Beruf ist in Kehl zu bleiben.

Kehl, eine halbe Stunde von Straßburg liegt zwischen Rhein, Kinzig und Schutter in einer sumpfigen Gegend und hat sechsundzwanzig Jahre lang mehr gelitten, als irgend ein Ort des Vaterlandes; dreimal verschwand es ganz von der Erde, einmal wenigstens zur Hälfte und erst im Jahre 1822, wo man den Grundstein zur Kirche legte, erhob es sich zum fünftenmal aus seiner Asche. Kehl zählte vor der Revolution wenigstens zweitausend Seelen. Im Jahr 1796 verteidigten die Zugänge zehntausend Mann, die von Straßburg aus abgelöst werden konnten und zweihundert Feuerschlünde fünfzig Tage lang. Noch lange wird hier der Pflug Menschenknochen aufwühlen, wie in den Göttergefilden um Mainz und noch 1798 konnte man in der Hitze nicht wohl umhergehen, denn die Leichen waren so schlecht verscharrt, daß man leicht über einen hervorragenden Fuß oder eine Hand fallen konnte! Mit Hilfe des Schleichhandels wird Kehl schon wieder blühen und die Menge Erschlagener umher, wenn sie zu nichts dienten, dienen jetzt zum Dünger!

Kehl galt einst für einen Schlüssel des heil. Röm.Reichs, der aber in so betrübten Umständen war, daß der Kommandant besorgen mußte, unversehens auf dem Rhein nach Holland versetzt zu werden. Die Amphyctionen zu Regensburg wurden 1750 sogar wegen Reparatur eines Schilderhauses behelligt und mußten darüber debattieren! Zuletzt nahm Baden als Landesherr wieder Besitz von der verlassenen Feste, suchte dem Ort rühmlichst aufzuhelfen und so bekam Kehl neuen Namen durch die staatliche Druckerei, die Beaumarchais in den Kasematten anlegte. Entfernt von den Kabalen der Ehrengeistlichkeit wollte er die Klassiker der Franzosen im Prachtgewande liefern, vorzüglich Voltaire – *Messieurs les imprimeurs* gegen vierhundert an der Zahl führten ein so flottes Leben 1780–90, daß Baden sogar einmal Soldaten ausrücken lassen mußte – die Revolution vertrieb sie aber wie Hunger und Mangel an Sold die vormalige Reichsgarnison!

Kehl ist keine Feste mehr, neben welcher wir noch Philippsburg, Breisach und Freiburg hatten, ob wir gleich Frankreich stets ruhig ließen, wenn es nur uns ruhig gelassen hätte. Ganz Deutschland steht offen von Straßburg bis nach Wien, und wir haben nichts entgegen zu setzen, als eine tapfere Brust. Der Teil des Rheins, den man Franzosen gelassen hat, wird sie stets lüstern machen nach dem Ganzen, wie Straßburgs Tor nach unserem schönen Süden, da die Helden, welche die Zeiten der Hunnen und Mongolen in Europa erneuerten, so viel Geschmack fanden an dem sonst so verachteten Deutschland und an deutschem Gelde, deutscher Kost und deutschen Mädchen. Allen ging es wie Holofernes, als Judith vor ihn kam, ward er entzündet gegen sie (angestiket yeger se, sagt der Platte) und alle spra-

Gez. v. K. Corradi

Stahlst. v. Joh. Poppel

MEERSBURG VON DER SEESEITE

ALTES U. NEUES SCHLOSS U. SEMINAR

chen: »Sollte man um solcher schöner Weiber Willen nicht kriegen?« Aber da keine tat wie Judith, so blieb der Feind in Israel!

Wahrhaft zerknirschten Herzens stand ich an der langen Rheinbrücke, sah hinüber nach Frankreich und nach der alten Reichsstadt, der silbernen Stadt (Argentoratum) und dem Reichsschlüssel, den man uns recht eigentlich aus der Tasche gestohlen hat! Vom hohen ehrwürdigen Münster kann man besser als von einem Luftballon herab alles beobachten, was auf deutscher Seite vorgenommen wird, jeden Tag kann eine französische Armee unverhindert auf deutschem Boden stehen – Gott! Straßburg – die Straße nach Deutschland hätten wir dem phlogistischen Gallier nimmermehr lassen sollen, wir, die wir ihm ganz Elsaß und Lothringen wieder abnehmen konnten! Mochte man Frankreich diese Provinzen auch lassen und zwei Millionen Deutscher mit, es leben ja anderswo noch eben so viele Deutsche unter fremdem Zepter – aber Straßburg? Eine halbe Stunde ist von da an Rhein, nach bekannter französischer Zeitrechnung *un moment! un instant – à la minute!* Nur die alten Florentiner waren so ehrlich, vier Wochen vor dem Angriff die Martinella zu läuten!

»Wer den kochenden Brei im Kessel halten will, muß den Rand heben« und diesen Rand hätten wir wenigstens im zweiten Frieden behaupten sollen um des friedlichen Deutschlands Ruhe willen. Gott gebe, daß kein dritter punischer Krieg entstehe und unsere Großmut oder vielmehr Uneinigkeit uns reue! Blüchers Name war in Frankreich ein *Hannibal ante portas* – man nannte die Rute la Bluchère, wir müssen sie stets in der Hand behalten – nicht um sie den Kindern zu geben, sondern zu zeigen und wie Darius uns jeden Tag dreimal zurufen lassen, »Herr! Gedenke der Athener!«

Ich habe in Frankreich glückliche Tage verlebt, vorzüglich in seinem herrlichen Süden. Mit Abscheu gedenke ich meiner deutschfranzösischen Zeit, aber mit innigem Wohlgefallen und Wehmut der echtfranzösischen. Frankreich ist ein freundliches, fröhliches Land, seine Bewohner voll Witz und Scherz, genügsam, gesellig, gefallend sich selbst und aller Welt gefällig, *aimables,* was aber durchaus nicht mit liebens*würdig* zu verdeutschen ist! Ich rief beim Abschied seufzend, wie Maria von Schottland *Adieu! belle France!* Aber jetzt rief ich nach durchlebter Revolution traurig an der Rheinbrücke –

Beaux lis refleurissez en France,
vous soignera bon jardinier,
si ne croissez en abondance
ne sera faute du fumier.

A Dieu, Messieurs! mais – ne revenez plus! Ich verlasse die Rheinbrücke. Brücken sind herrliche Erfindungen, aber es gibt allerlei Brücken – von Holz, Stein und Eisen, Felsen- und Naturbrücken, schwimmende, an Stricken und in Ketten hängende Brücken, Teufelsbrücken und Eselsbrücken. Die Teufelsbrücke in der Schweiz ist nicht mehr – diese Rheinbrücke, gebt acht, wird unsere Teufels- oder Unglücksbrücke!

Bevor ich Rastatt verlasse, das ich doch vor Karlsruhe zur Residenz genommen hätte, muß ich noch fragen: Ist das Städtchen durch den Kongreß reicher, aufgeklärter, besser geworden? Die Häuser sind fast alle durch die ungeheure Miete (5–600 fl. monatlich) bezahlt und die Kongreßpreise waren alle apothekermäßig. Ist der Kunstfleiß, den man in allen Orten, die von Höfen lebten, nur selten findet, gestiegen? Außer Slaffs Fabrik weiß ich keinen Industriezweig als die Gänseleberpasteten, die für Straßburger gelten mußten. Ich glaube es wird auch hier heißen, wie gewonnen, so zerronnen – in Kongreßstädten, wie in den alten Konzilienstädten, Konstanz, Basel, Trient!

Gez. v. K. Corradi

Stahlst. v. Joh. Poppel

MÜLLHEIM

GEGEN BADENWEILER

Sechsundzwanzigster Brief.

Baden und das Murgtal.

Zwei Stunden von Rastatt liegen die berühmten Bäder Badens, tief im Tale der Oos, am Vorgebirge des Schwarzwaldes, und das Murgtal ist die interessanteste Partie, die man in Baden machen kann. Baden erscheint als Stadt schon unter Aurelius und Antonin (197) als Civitas Aurelia Aquensis, das berühmte Bad aber ist erst eine Frucht des Rastätter Kongresses, dauernder als das teuere Geld, das Rastatt dem Fremdling abnahm. In manchen Jahren sind schon doppelt so viel Gäste hier gewesen, als das Städtchen Einwohner zählt, zweitausendsechshundert Seelen und die wunderschöne Gegend verdient diese Besuche. Warum ist es der Feder unmöglich, den Leser genießen zu lassen, was das Auge genossen hat!

Baden war einst die Residenz der Markgrafen, die bis zur Hälfte des fünfzehnten Jahrhunderts im oberen Bergschloß wohnten, das im Jahr 1100 erbaut wurde. Dann stiegen sie herab, näher zu den warmen Quellen in die Mitte des Berges, wo die Burg steht mit den rätselhaften unterirdischen Gemächern. Waren sie sinnreiche Zufluchtsorte in Gefahren oder schauerliche Kammern der Feme oder architektonische Spielereien? Die Einbildungskraft gefällt sich bei der Feme, obschon ein unterirdischer Sitz eines Femegerichts eine unhistorische Idee ist, wie Femegerichte außer roter oder westfälischer Erde. Das Mittelalter gefiel sich in heimlichen Kammern und unterirdischen Labyrinthen, wie das Altertum und der nun wohl abgeschiedene Hausmeister Hodapp, der übrigens durchaus keine Ansprüche machte, Historiker zu sein, begeisterte mit seinen Märchen Tausende von Neugierigen mehr als unsere Romantiker und Großmütterchen der Rockenstuben. Hätte ihn doch Musäus hören können!

In dem Garten um die Burg, die Marschall Duras, Anführer von Louis XIV. Mordbrennern, zertrümmerte, sind alte Ahorn und Linden, unter deren Schatten ich oft das liebliche Tal bewunderte und im Innern der Burg Gemälde alter Fürsten, Offiziere der Kreisregimenter, Ordensritter der Treue und ein Jupiter in Fresco in höchstgalanter Situation mit der Inschrift: *Genus unde Badense!* Die ältere Burg auf der Höhe ist ganz Ruine, aus den Fensterbogen legen sich, statt der alten Ritter, Tannen und Ulmen und es ist eine der schönsten und größten Ruinen Deutschlands, denn es waren keine gemeine Ritter, die da hausten in dieser Wiege des Badischen Fürstenhauses. Die Aussicht ist herrlich, aber ich ziehe doch noch die von dem Adlernest Ebersteinburg eine Stunde davon, vor, weil sie freier ist. Man kann von Baden aus leicht eine Stunde steigen bis zu jener Burg, aber die Pfade sind bequem, man kann auch ohne Gefahr in der Ruine selbst herumsteigen, aber nach dem Rondell versteige man sich ja nicht allein! Ohne Hilfe eines Bedienten wäre es mir da fast ergangen, wie Maximilian auf der Martinswand.

Baden hat dreizehn warme Quellen, die aus dem Schloßberge herkommen und der Ort heißt die Hölle. Man badet mehr als man trinkt, folglich ist allgemeine Geselligkeit geringer, als da, wo der Fall umgekehrt ist, wie in Karlsbad, Pyrmont und Schwalbach. Es ist zwar das meiste Scharlatanerie, was von Bädern geschrieben ist und Wasser tut's am wenigsten, daher Bäder auch weit mehr auf Reiche als Arme wirken, welche die Neben- oder Hauptkur nicht bezahlen können, aber Badens Heilquellen sind denn doch erprobt in Gicht und Rheumatismen, der Plagen unserer Zeiten. Das Leben ist wohlfeil, der beste Tisch ein Gulden und die Natur so einladend, daß es mir unbegreiflich ist, wie Spieler für ihre *Dea Fortuna* dem Staate noch achtzehntausend Gulden abgeben können; begreiflicher ist der Kapellendienst der Venus, deren Priesterinnen meist aus Straßburg sind. Baden ist eines der interessantesten Bäder, worüber ich alle Nordischen vergessen kann – aber die grünen Tische – *rouge et noir* – und die Herren und Damen daran –

Gez. v. F. Foltz. Stahlst. v. J. Umbach

NECKARGEMÜND

an Ernst den Höllenrichtern,
an Angst den Missetätern gleich!!

Pfui! An Orten, wo man Gesundheit und Frohsinn holen will und dann das unfürstliche *lucri bonus odor!* Moses vergaß das elfte Gebot: »Du sollst nicht spielen«, und der Staat sollte es supplieren. *Gesellschaftliches* Kartenspiel ist schon Unwesen genug – hohes Hazardspiel aber bringt mehr Unheil in Familien als Ehebruch und Luxus und viele Diebe verdienen weit weniger den Galgen, als mancher Spieler ex professo. Die einzigen Spieler, die stets gewinnen, je länger sie spielen sind die – Musikanten!

In der Stiftskirche Badens ist unter den Denkmälern das des Markgrafen Louis das prächtigste, aber auch das geschmackloseste; gelungener ist das Monument Leopold Wilhelms, an dessen Grabe die Gattin kniet und den Sarkophag, worauf der riesenmäßige Ritter in einer Allonge-Perücke ruht, stützen zwei Türken-Sklaven. Die Antiken-Halle enthält bloß die in der Gegend ausgegrabenen Römerreliquien – keine Kunstwerke und das schönste Gasthaus mit Gartenanlagen ist unstreitig der Badische Hof, der erst 1809 erbaut wurde, an die Stelle des Klosters der Kapuziner, deren ehrwürdige Knochen nach dem allgemeinen Gottesacker wandern mußten, daher die zürnende Inschrift auf ihrem Gesamtgrabe. In der Stadt ist eine lateinische Schule und auch noch Nonnen, welche die Mädchen zum Himmel erziehen, die dann zusehen mögen, wie sie auf Erden fortkommen!

Die nächste Promenade ist das Promenadenhaus oder auch die Allee – aber das ist nur für arme schwache Kranke, die nach Vorschrift des Arztes und ihrer Uhr alle Schritte und Minuten zählen müssen – die Uhr schlägt keinem Glücklichen. Hinaus! Hinaus! Hinaus in die schattigen Berge und quellenreichen Täler, wer nur noch $1^1/_2$ Füße hat! Interessant ist die nahe seltene Eichen-Allee, die zum Kloster Lichtental führt, wo noch Nonnen sind; vor der verschlossenen Pforte, die aber gastfrei sich öffnet, steht eine ehrwürdige Linde mit Ruhesitzen. Im Jahr 1689, wo Baden niedergebrannt wurde, wandte eine Nonne, die den Kommandanten kannte, die Gefahr glücklich von ihrem Kloster. Dieser riet ihr dem Hause den Schein der Verwüstung zu geben, die Nonnen schlugen selbst Dach und Fenster ein und die Mordbrenner zogen vorüber, glaubend, daß die Ihrigen schon hier gewirtschaftet hätten. Von Lichtental steige man auf die Seelach zum freundlichen Jägerhaus, wo man neben reicher Aussicht Erfrischungen findet. Wer noch nicht genug hat, gehe weiter nach Geroldsau – zum Wasserfall und er findet Butter und Honig, wie ihn das Volk Israel nicht besser hatte im verheißenen Lande. Der Fremersberg, wo einst Franziskaner hausten, beherrscht das Rheintal und deutlich erblickt man Straßburgs Münster; der Merkuriusberg aber, wo noch die Römische Ara steht, ist höher und rauher. Bei dem längsten Aufenthalt zu Baden wird man immer neue Naturszenen finden, geben ja Klüber und Schreiber 31 Spaziergänge an und das ist schon mehr, als der Kurgast gewöhnlich braucht. Aber warum hat man hier noch nicht die Bad-Eselei der Rheinbäder nachgeahmt, hier, wo höhere Berge sind? Besorgt man etwa ausgelacht zu werden, wenn man seinen Esel unfigürlich reitet?

Nach der berühmten Iburg sind zwei Stunden und von solcher noch zwei Türme übrig, wovon der eine zugänglich ist und ein herrliches Belvedere bietet. Hierher trugen und bannten sonst die Mönche die Poltergeister und sie rächten sich an denen, die diese Ruine besuchten, mit Steinwürfen, so lange es Mönche gab. Viele Sagen sind im Munde des Volkes, wie schon der große Prophet Jesaias weissagte: »Dornen, Nesseln und Disteln werden wachsen in ihren Schlössern, eine Behausung der Drachen, Nachteulen und Raben; da werden untereinanderlaufen Marder und Geier und ein Feldteufel wird dem andern begegnen, der Kobold wird seine Ruhe daselbst finden«. Gleich gespensterartig ist der Mummelsee auf der hohen Herrenwiese, dessen schwarzbeschatteter Spiegel wohl an allen Märchen Schuld haben mag. Hier lag sonst ein Nonnenkloster, das in die

Gez. v. R. Höfle

Stahlst. v. Joh. Poppel

PARTHIE AUS DEM NECKARTHAL

BLICK AUF HIRSCHHORN

Erde versank und aus dem schwarzen See stiegen nun Seefräulein empor, die es freundlich mit den Umwohnern hielten, als sich aber Zucht und Sitte verschlimmerten – es war lange vor dem Rastatter Kongreß – sah man sie nicht wieder!

Es gibt auch noch eine Teufels-Kanzel, Teufelsbette, Teufelsmühle etc., ungeheure Steine, an denen man Römerspuren bemerkt. Römerwerke galten den unwissenden Christen für Teufelswerke, auch mögen die alten Republikaner oft wahre Teufel gewesen sein wie die neuen, die wir näher kennen. So ist auch in der nahen Schweiz alles, was alt, schwer, künstlich scheint, vom Teufel oder wenigstens von Cäsar! Als der Teufel einst auf der Kanzel stand, sandte Gott einen Engel auf die Engelskanzel im Murgtal und da das Volk diesem zulief, baute der Teufel die Teufelsmühle, daß man den Engel nicht verstand und der Herr bannte den Bösen in seine Mühle, wo er noch spukt, wie in der Teufelsmühle am Wienerberge und – in vielen Mühlen!

Und nun nach dem Arkadien Badens, dem Tale, das die Murg durchschlängelt, vom Kniebis, wo sie entspringt, bis an den Rhein, etwa vierzehn Stunden, die badische Schweiz. Der Eingang ist bei Kuppenheim, eine Stunde von Rastatt, das Tal noch weit und fruchtbar, die Berge des Schwarzwaldes noch in blauer Ferne und bald gelangen wir zum Amalienberg, eine Schöpfung des tätigen Rindenschwenders, auf einem vormals kahlen Felsen. Die fürstliche Familie pflegte den wackeren Mann jedes Frühjahr zu besuchen und Karl Friedrich setzte ihm ein Denkmal. Am Fuße des Berges liegt das gewerbsame Gaggenau mit Glashütten und Eisenhammer. Von da führt ein Fußpfad durch Offenau und Hördt nach dem heiteren Städtchen Gernsbach, hinter welchem sich aus schwarzen Tannenbergen die Burg Eberstein erhebt. Zu Gernsbach lebte in den 1780er Jahren eine Frau, die mit Drillingen niederkam, flugs aufstand, den Vater barbierte und zum Herrn Pfarrer schickte, um den reichen Segen Gottes anzuzeigen. Bei den Armen sind solche Heldinnen weniger selten und von weit weniger Umständen – selten mögen sie Sr.Hochwürden in Verlegenheit setzen wegen der Taufe und noch weniger wegen des Vaters!

Gernsbach ist der Sitz einer ansehnlichen Schiffergesellschaft, welche die bedeutenden Waldungen bis nach Forbach hin besitzt und jährlich wenigstens 400 000 fl. in Umlauf setzt. Auf der Murg gehen die Borde (Bretter) und Stämme nach Steinmauren in Rhein bis nach Oppenheim, wo sie zu größeren Flößen zusammengesetzt werden. Das Volk, das von der Gesellschaft viel verdient, sagt nie anders als Herr Schiffer. Die Holzflöße bringen Leben auf die Murg und an den Bergabhängen weiden die schönsten Herden – die Hörner der Hirten ertönen und die Stimmen des Waldes erwidern sie. Wilder strömt jetzt die Murg durchs Tal, Granitblöcke hemmen ihren Lauf und romantisch blickt eine alte Kapelle aus dem Tannenwalde, genannt der Klingel. Die alte Burg Eberstein (die Grafen starben erst 1660 aus) hat Markgraf Friedrich wieder herstellen und verschönern lassen – in meinen Augen der schönste Standpunkt im Murgtal.

Von da an gelangt man nach Oberrot, Hilpertsau, wo noch Obst, Reben und Kastanien gedeihen und malerisch liegt Weissenbach, um dessen altes Kirchlein sich die Gräber der Bewohner gruppieren in Rebengeländen und süße Wehmut erfüllt den Wanderer. Hinter dem Dorfe wird die Natur wilder und rauher – die Murg rauscht schon einige 100 Fuß tief neben dem Pfade und mächtige Felsenmassen blicken zwischen Hainbuchen und Tannen hervor – bald gibt es nur noch Beeren und Kartoffeln! Man nähert sich Langenbrand und fühlt nun selbst, daß man im Schwarzwald ist. Immer höher geht es Gausbach zu, überall Heuscheunen in engen Schluchten, überall gelbe häßliche Weibergestalten, die das Feld bearbeiten, während die Männer Holzhauen und Flößen. Überall wechseln nun mit Dörfern und Weilern einzelne Sägemühlen, Ölmühlen, Teer- oder sogenannte Schmierhütten, Holzvorräte, Pottaschensiedereien und dann wieder Matten mit dem schönsten Schwei-

Gez. v. K. Corradi

Stahlst. v. E. Wagner

OFFENBURG

zervieh. Die Pechsieder rechnen auf einen Baum 1 1/2 Pfund Harz jährlich, welches versotten 3/4tel Pfund Pech gibt. Man sieht viel Knierußöfen und es ist nicht die Schuld dieser Schwarzwälder, wenn sie nicht auch chinesische Tusche machen, denn es fehlt der Ölrettich!

Forbach ist der letzte badische Ort und das Reiseziel der meisten, wenn sie etwa das schöne Albtal mit den ehemaligen Klöstern Herren- und Frauenalb mitgenommen haben, denn nur bis Forbach kann man bequem fahren. Wir weilen auch daselbst, lassen uns in der Krone die Forellen schmecken, aber den anderen Morgen setzen wir als rüstige Fußgänger unseren Stab weiter, denn der Kniebis ist unser Ziel. Wäre es auch nur um die sogenannte Schwellung zu sehen, durch die man das Holz aus den Waldbächen in die Murg bringt, so verdiente schon die Wanderung Fortsetzung. Im Schweigen wilder Wald-Einsamkeit gelangen wir nach drei langen Stunden endlich nach Schwarzenberg, die uns aber in Gesellschaft und in Gesellschaft der Waldbäche und Felsengruppen von den buntesten Gestalten nicht zu lange dünken. Man sieht nun nichts mehr, als Einzelhöfe unter dem Schutze einer Felsenmasse – Hutzenbach, Schöngrund, Rot, Hesselbach – von 1/4 Stunden zu 1/4 Stunden und Murg und Felsen lassen kaum Raum für den schmalen Pfad des Wanderers. Reichenbach, ein vormaliges Benediktiner-Priorat ist schon wieder bedeutender und hier kann man auch wieder mehr haben, als Milch, Kartoffeln und Speck. Statt der längst verlorenen Obstbäume gibt es Bienenstöcke. Malerisch liegt das eine Stunde entfernte Baiersbronn (von wo es noch 1 1/2 Stunden nach Freudenstadt sind) der Anfang der Murg, folglich das Ende des Murgtals.

In diesem allerliebsten Murgtal mögen 20 000 Menschen leben. Ich kannte die Schweiz und doch konnte ich das Murgtal nicht satt bekommen und geleitete wohl ein halb Dutzend mal Kongreßfreunde in diesen Tempel der Natur und zu den fleißigen genügsamen Menschen, die hier wohnen. Ich bewunderte oft ihre Genügsamkeit und nebenbei auch die Genügsamkeit derer, die dieses Tal mit Einfachheit geschildert haben, wenn ich an manche poetische Schilderung der Norddeutschen von Gegenden denke, die ich so prosaisch fand, daß ich mich ärgerte, der Dupe dieser Schilderungen geworden zu sein. *N'est-ce que cela?* Gar oft ging es mir, wie vielen Leuten, die sich einen großen Mann, von dessen Taten sie hören oder lesen, auch als physisch groß denken und dann große Augen machen, wenn ein kleines schwaches Männlein auftritt!

Der Kniebis, von dem schon oben die Rede war, gewährt eine herrliche Fernsicht über Vogesen und Schweizer Alpen, über den größten Teil des Schwarzwaldes und Schwabens bis an die Tiroler Berge. Wir steigen herab nach Oppenau, wo treffliches Kirschwasser bereitet wird, um das zwei Stunden entfernte in romantischer Wildnis liegende Kloster Allerheiligen zu besuchen, das die Herzogin Utta von Schauenburg 1196 stiftete. Die Lierbach macht hier sieben Wasserfälle. Nach der Sage überließ auch die fromme Utta einem Esel die Wahl des Ortes und auf der Höhe, wo der Eselsbrunnen mit dem Monument des Esels ist, schlug das Langohr eine Quelle aus dem Felsen, so gut als Moses oder Pegasus, die Hippocrene der Dichter, trank, wurde mutwillig und warf da, wo die Kapelle steht, seinen Geldsack ab in den Kessel, wo Allerheiligen dann hingebaut wurde. Neben die Prämonstratenser siedelte sich auch eine Zigeuner-Kolonie an, bis eine bessere Zeit beide auflöste. Es wohnt jetzt ein Förster und einige Taglöhner in der Wüste Allerheiligen, das man, wie Maulbronn, nach seinem Stifter, besser Eselsbronn genannt hätte!

Von Oppenau sind es zwei Stunden nach Peterstal im Renchtale, 3/4 Stunden weiter Griesbach und dann Rippoltsau und Antogast, lauter kleine stille Bäder, in denen sich nur Kinder der Natur gefallen können – alle im Bezirk einer Quadratmeile. Selbst Wildbad ist für einen rüstigen Fußgänger nicht zu ferne, der den Weg über den Dobel und den sogenannten Schwabenstieg steigen mag. Man kehrt über Oberkirchen und das liebliche Bühlertal zurück nach

Gez. v. C. Korradi — Stahlst. v. W. Knocke

PFORZHEIM

Baden. Hinter Oberkirch liegt Renchen, eine militärische Position, nicht unwichtig für Schwabens Besitz. Hier standen sich schon 1675 Turenne und Montecuculi gegenüber und 1796 lieferte hier Moreau eine Schlacht, die ihm das Vordringen erleichterte.

Das Bad Peterstal war ziemlich besucht, meist Elsässer – und es ist auch weniger schwermütig als Rippoltsau, da doch 25 Familien hier sind, während z. B. Antogast gar nur aus einem Hofe besteht nebst dem Badegebäude. Die Mineralwasser aller dieser Bäder sind weniger geistig als das Kirschwasser und der Himbeergeist und weniger gut als die Ringel-Amsel, die man nur Herren vorsetzt. Aber überraschende Naturszenen belohnen den Wanderer – ganz Schweizer Natur – nur Schweizer Reinlichkeit scheint zu fehlen, wenigstens Balken und Türen sind kandiert mit Ruß und ich stieß auf Menschen, die wie geräuchert aussahen. In allen kleinen Bädern muß man sich wechselweise annehmen und eine Art Familien-Leben führen, wenn man nicht aus Langeweile krank werden will. In solchen Bädern halte ich mich lieber an die weiblichen als an die männlichen Gäste; männliche Brunnen-Gäste sind gerne – Brumm-Gäste.

Siebenundzwanzigster Brief.

Die Badische Bergstraße und der Badische Schwarzwald.

Im Großherzogtum Baden gibt es eine zweite Bergstraße, die sich gar wohl mit ihrer berühmten Schwester, die von Darmstadt nach Heidelberg zieht, messen darf, von Basel bis Offenburg, zwischen Rhein und Schwarzwald. Ich ziehe sie sogar der ersteren vor, weil sie weniger einförmig und flach von der einen Seite ist und ihre Schönheiten wechseln, wie die Bilder einer Zauberlaterne, so daß man sich oft mehr als zwei Augen wünschte. Diese allerliebste Gegend, zugleich eine Hauptstraße nach der Schweiz, teilt auch dem schönen Geschlecht Schönheiten mit, die an den Grenzen des Odenwaldes seltener zu sein scheinen. In diesem weiten Rheintale tummelten sich einst Römer und Alemannen, Turenne und Montecuculi, Enghien und Merch, Villars und Louis von Baden und in unserer Zeit Erzherzog Karl und Moreau.

Wenn man aus der Schweiz über Kleinbasel geht, ist Weil der erste badische Ort, wo viele Baseler Landhäuser haben, dann Lörrach und Idstein am Rhein, in deren Gegend treffliche Weine wachsen, vorzüglich zu Grenzach. Hier liegt auch die bedeutende Burgruine Rötteln, wo mehrere Fürsten Badens wohnten, deren Wappen vom Jahr 1488 man noch über dem Tor erblickt. Die Franzosen zertrümmerten 1678 die schöne Burg, aber die schöne Aussicht ins Wiesental konnten sie nicht zertrümmern. Weiterhin in diesem schönen Tale gegen Schönau und die Quelle der Wiese liegt Todtnau, dessen Wasserfall berühmt ist und auch der Eichmer-See, der zwar bedeutend kleiner, als der Cirknitzer, aber ähnlicher Natur ist. Zu Riehen, eine Stunde von Basel mag man an den großen Euler denken, den seine Eltern als Knaben lange ängstlich suchten und endlich fanden brütend über Eiern – er rief: »Ich mache junge Hühner!«

Gez. v. R. Höfle — Stahlst. v. J. Umbach

RADOLFSZELL AM BODENSEE

Wild romantisch ist die ganze Gegend bis zur Kaltenherberge, einem isolierten Posthause, wo man aber auch Warmes haben kann und noch romantischer, wenn man die Tropfsteinhöhle, genannt Erdmannslöchlein bei Hasel eine Stunde von Schopfheim besucht. Sie ist so viel als Baumanns- und Bielhöhle, wenn gleich dem Norden vielleicht kaum dem Namen nach bekannt, Bergleute haben sie untersucht und zugänglich gemacht und den Schlüssel hat der Schullehrer zu Hasel. Kandern liefert die berühmten Diminutiv-Brezeln, oder Karlruher Brezeln zum Tee, denen ich aber wenig Geschmack abgewinnen kann, als den kleinen Zuckerweckchen mit Vanille, die zu Langenburg im Hohenlohischen fabriziert und von ihrem Verfasser, einem Enkel des Verfassers der Hohenlohischen Kirchenhistorie, Wibel – Wibelich genannt werden.

Von Kaltenherberge kommt man über Schlingen, wo 1796 die Schlacht zwischen Karl und Moreau wütete, nach dem niedlichen Mühlheim und seitwärts am Fuße des hohen Blauen liegt Badenweiler. Hier sind nicht nur deutsche, sondern auch römische Bäder, die größten und schönsten, die ich kenne und Badenweiler selbst ist ein recht angenehmer wohlhabender Flecken mit einer Burgruine. Das Römerbad wurde 1784 entdeckt und besteht aus vier großen und acht kleineren Bädern, Schwitzbädern und Ankleidezimmern nebeneinander; eine alte Inschrift widmet sich der *Diana abnoba*. Die Burgruine verdient einen Besuch, wenngleich die Aussicht verschwinden muß vor der auf den Bergen, die auf uns herabblicken, dem Schwarzblauen, Hochblauen, Belchen und dem Haupte des Schwarzwaldes, dem höchsten Berge des deutschen Westens, dem Feldberg von 4610′! In diesen Gegenden wachsen herrliche Weine, sie entschädigen für die Qual der Rheinschnaken, die einem zum Manichäer machen könnten!

Auf der Straße von Mühlheim nach Krozingen bleibt uns Sulzburg (in dessen Nähe Bergbau), der Geburtsort Schöpflins rechts liegen und so auch Stauffen mit seiner ehrwürdigen Ruine, wo jetzt eine Taubstummenanstalt ist.

Heitersheim, unweit der Poststraße, entspricht seinem Namen, hat ein schönes Schloß, etwa 1 500 Seelen und war Sitz des Johanniter-Meisters, merkwürdiger aber noch durch eine bedeutende Baumschule. Heitersheim gehörte schon ehemals Baden, Heinrich I. aber schenkte es 1297 den Johannitern, damit sie für die Seelen der Markgrafen beten sollten, was sie denn auch taten bis auf unsere Zeiten, wie die Deutschordens-Ritter auch, jeder nach seiner Art!

Krozingen ist ein bedeutender Ort und auf einem kleinen Umweg gelangt man nach der zertrümmerten, aber stets merkwürdigen Reichsfeste Breisach und von da nach der Hauptstadt des alten Breisgaus, nach dem angenehmen Freiburg. Zwischen beiden Orten liegt das Dorf Umkirchen, wo der berüchtigte Mesmer als Pfarrer stand und jetzt vielleicht bessere Geschäfte machte. Breisach hieß einst des Heil. Röm. Reiches Kissen, auf dem auch das Reich mehr als zu viel schlummerte. *»Brisac est à nous«* rief Richelieu voll Freude noch seinem sterbenden Kapuziner-Pater Josef ins Ohr, demselben Herrn Pater, dem Herzog Bernhard von Weimar schon auf den Finger geklopft hatte: »Euer Finger da auf der Landkarte, hochwürdiger Herr, ist keine Brükke!«

Freiburg an der Dreisam mit vierzehntausend Seelen, Militär und Studenten eingeschlossen, ist schön, noch schöner aber seine Lage an den Vorbergen des Schwarzwaldes und vor sich die Rheinebene bis zu den Vogesen; ein fruchtbarer Boden begünstigt die Vegetation so sehr, als die ganz besondere Milde der Luft. Freiburg ist lebhaft durch die Schweizerstraße, durch Garnison, Universtität und Munterkeit der Bewohner. Angenehm und lebendig ist die Allee um die Stadt auf den Wällen, wie der Alleegarten und der Schloßberg und S.Loretto-Hügel verdienen wahrlich bestiegen zu werden. Das Münster ist einer der schönsten Dome Deutschlands, künstlicher noch als das Straßburger und was einzig ist, vollendet. Das Altarblatt ist eine schöne Himmelfahrt Marias von Holbein, die Kirche hat herrliche Glasmalereien und der Turm 513′ Höhe. Ein gewisser

Gez. v. K. Corradi

Stahlst. v. J. Umbach

RASTADT

schwärmerischer Schriftsteller nannte diesen Dom ein bißchen allzumusikalisch – eine steinerne Musik!

Berthold III. von Zähringen erbaute Freiburg, daher sein Standbild mit Recht auf dem Brunnen des Fischmarktes steht, die Ruine der Burg Zähringen aber eine Stunde von der Stadt, besteht leider nur noch aus einem Turme, dennoch aber verdient diese Wiege Badens den kleinen Gang. Zu Freiburg wurden, wie zu Waldkirchen, viele böhmische Granaten geschliffen und verarbeitet, das Gewerbe nährte reichlich an die 600 Menschen, sank aber mit der veränderten Mode; desto ausgezeichneter ist Herder's Kunst- und Buchhandlung. Jene Granatenschleiferei war einst die vierte Merkwürdigkeit Freiburgs nach dem Münster, der Hochschule und den reichströmenden Brunnen der Stadt.

Freiburg spielte vor seiner Einverleibung in Österreich (1368) eine kräftige, fast selbstständige Rolle und sein Handel blühte hoch. Hier zeigten sich schon 1513 die ersten Bewegungen des Bauernaufstandes, wie zu Schorndorf 1514. Die Hochschule gehört zu den ältesten Deutschlands, gestiftet 1457 von Erzherzog Albert IV., daher Albertina genannt. Im 16. Jahrhundert war sie glänzender als jetzt, ausgezeichnet durch Humanität und Mäßigung in der Parteiwut der Reformation und im Bauernkriege standen Lehrer und Schüler bewaffnet auf den Mauern. Mutvoll widersetzte sich Freiburg dem Eindringen der Jesuiten, aber Erzherzog Leopold tat einen Machtspruch und ihr Genius entfloh und ihr alter Ruhm. Baden hat viel getan und die Universität, die kaum 200 Schüler hatte, zählte 1824 gegen 600, worunter 130 Ausländer. Hier schlummert auch der liebliche Sänger Jakobi, der gegen die nährende Theologie und Jus die schönen Wissenschaften vertauschte mit Glück, ohne ein Sohn des Schicksals zu werden, wie so viele Schöngeister, denen die ganze Schöpfung gehorchen soll, Wirt, Schuster und Schneider ausgenommen, die sie auf ihren Dachstübchen quälen, während sie alle Stufen dahin ansehen, als eben so viele *Gradus ad Parnassum*!

Freiburg ist ein allerliebster Ort und die Schweizer Schwester im Üchtland könnte hier recht viel lernen, wenn sie da studieren wollte – Jo frili (Ja freilich)! Die Sprache ist schon halb schweizerisch »Hatter öbber öbbes to?« (Hat dir jemand etwas getan?) Ich gewann die Stadt ungemein lieb, man denke aber ja nicht, um der hübschen Gesichter willen, deren ich oben gedachte, sondern alles ist gattig und lebig, Johr us, Johr in – wie man hier spricht und mit sellem hots koi Gfohr!
Es freut mich, daß Freiburg aufgehört hat, Festung zu sein, denn so oft Franzosen über den Rhein zogen, hatte es seine Not, wie Kehl, Breisach und Philippsburg, die alle eingegangen sind, so wenig fürchten wir die Franzosen. Der interessanteste Mann Freiburgs, der da geboren und auch ethnologisch ein wahrer Freiburger ist, ist mir – Rottek, »wenn er uns gleich in seiner Weltgeschichte hochverfeinerte, gehorsame Schwächlinge genannt hat!«

Drei Stunden von Freiburg gegen den Rhein hin, ist das Gebirge, der Kaiserstuhl, von dessen Gipfel der Blick das ganze Rheintal von Basel bis Straßburg beherrscht und gegen den Schwarzwald hin besuche man St. Peter und St. Märgen. Die meisten der Zähringer ruhen in diesem ihrem Stift in der Einsamkeit des Schwarzwaldes. Mir lag die Hölle näher, der bekannte Engpaß, zu dem man in einigen Stunden gelangt. Ich rate jedem, wenn er auch nicht weiter will, nach dieser Hölle zu gehen, sie dauert nur ¼ Stündchen und ist schöner als die Kluse zwischen Basel und Solothurn, die ich eine Woche zuvor passiert hatte. Ich vermißte die Schweiz durchaus nicht. In diesen Engpaß, nichts als Bach, Felsenwand und Weg und hie und da eine Zwergtanne – kann Menalk nicht gekommen sein:

Dic quibus in terris, et eris mihi magnus Apollo
Treis patent cœli spatium non amplius ulnas?

Moreau aber machte 1796 seinen meisterhaften Rückzug durch dieses Höllental und führte seine Armee in stol-

Gez. v. R. Höfle — Stahlst. v. J. Umbach

DIE INSEL REICHENAU IM BODENSEE

zer Ordnung bei Hüningen über den Rhein. Villars, von dem der Kurfürst Bayerns 1702 verlangte, daß er durch dieses Höllental ziehen sollte, erwiderte: »Ich bin nicht Teufel genug!« Aber Moreau zog, nach drei gelieferten Schlachten bei Biberach, Emmendingen und Schliengen, hindurch, größer als Xenophon und seine zehntausend Griechen. Es war doch erbärmlich von Napoléon le Grand einen solchen General spöttelnd *Géneral de retraite* zu nennen! Und dann noch erbärmlicher, seine Truppen in Ägypten und Spanien, Rußland, Deutschland und den Niederlanden zurückzulassen. *Sauve qui peut!* An diesem berühmten Engpaß erwartete Kray im Jahr 1800 Moreau abermals, der aber schlauer bei Schaffhausen überging. Es kam zu den Schlachten von Engen, Meßkirch und Biberach. Kray zog über die Donau in die Verschanzungen von Ulm und der Hauptschlag geschah zu Marengo. Die schönen Umgebungen des Bodensees sollten so blutig werden, als die Ufer des Rheins. Das schöne Dreisamtal, das von Freiburg aus nach der Hölle führt, wo es am hellen Mittage dunkel ist, führt auch nach dem Himmelreich, wo es lichter ist, aber auf Ehre! Die Hölle ist weit schöner und unterhaltender! Hölle und Himmel hat man aber nicht umsonst und ich habe tüchtig zahlen müssen!

Von Freiburg führt uns die Bergstraße nach Emmendingen, wo der treffliche Schlosser als Oberamtmann lebte, nicht ferne von den schönen Ruinen Hochberg und Mahleck und seitwärts Kenzingen liegt Ettenheim und die Abtei Ettenheimmünster, hinter welchem der hohe Kandel majestätisch emporragt. Ettenheim, wo Rohan und die Bischöfe Straßburgs hausten, darf kein Deutscher vergessen – nicht wegen jener Fürstbischöfe – sondern wegen der Freveltat des Korsen, der 1804 plötzlich zwei Kolonnen über den Rhein sandte, um Ausgewanderte aufzuheben und darunter *Duc d'Enghien,* (selbst auf K. Gustav IV. soll es abgesehen gewesen sein). Enghien war schon am sechsten Tage zu Vincennes erschossen! Kein deutscher Fürst wagte laut zu werden über den Greuel, nur Rußland und Schweden äußerten sich gehörig über die völkerrechtliche Verletzung deutschen Gebiets und forderten Kaiser und Reich auf, Genugtuung zu verlangen. Die Soldaten-Majestät war stets in Furcht – Soldaten waren die Spione, Soldaten die Richter, Soldaten die Henker des letzten Condé – aber trotz aller Soldatenopfer verschwand die Soldaten-Majestät schneller, als sie entstanden war. Fouché sagte mit diplomatischer Kälte von jenem Mord: *»c'est plus qu'un Crime, c'est une Faute!«*

Seitwärts der Station Friesenheim liegt links die Abtei Schuttern und rechts Lahr, das gewerbsamste Städtchen Badens nach Pforzheim, mit etwa 5 000 Seelen und vorzüglichen Tuch-, Zeug und Tabakfabriken. Die Ruine Hohengeroldseck ist die Stammburg der alten Dynastien dieses Namens, die 1634 ausstarben, in die bedeutenden Güter teilten sich Österreich, Württemberg und Baden und der Überrest kam an die von der Leyen, die jenseits des Rheins ihre Hauptbesitzungen haben. Über die Herrschaft Geroldseck hatte Österreich die Oberherrlichkeit bis 1819, wo solche an Baden abgetreten wurde – 2½ Quadratmeilen mit 5 000 Seelen und 40 000 fl. Einkünfte; der Hauptort ist Seelbach. Die Stammburg der Leyen liegt an der Mosel, geistliche Würden machten sie reich, sie erhoben sich zu Grafen von Hohengeroldseck, ja, als Vettern des Primas und der Napoleoniden wurde auch der Sequester über die ritterlichen Güter am Rhein aufgehoben und sie sogar souveräne Fürsten des schmählichen Rheinbundes! Der jetzt mediatisierte Fürst pflegt zu Ahrenfels am Rhein zu residieren.

Offenburg, ehemals Reichsstadt und Hauptort der Ortenau (deren Name von der Burg Ortenberg rührt) ist ein froh-heiteres Städtchen von viertausend Seelen und beherrscht den Eingang in das Kinzigtal, daher der Vorschlag zu dessen Befestigung. Man muß sich nicht an das Wortspiel des drolligen Gailer von Kaiserberg stoßen, der Schwätzer und alle, die nicht schweigen können, Narren von Offenburg nennt. Hier wächst ein trefflicher Markgräfler, der leicht schwadronieren macht und wir stärken uns

Gez. v. J. Lange

Stahlst. v. Fr. Hablitscheck

E.

SÄCKINGEN

damit zu einer kleinen Fußreise nach dem schönen Tal der Kinzig. Man stößt zuerst auf die alte Reichsstadt Gengenbach von achtzehnhundert Seelen mit einer schönen Kirche, die der Reichsprälatur gleichen Namens zustand und dann erscheint Zell, gleichsfalls ein ehemaliger Freistaat von eintausendeinhundert Seelen. Interessanter als beide Städtchen sind die Bergwerke zu Wolfach, wohin man über Haslach und Hausach gelangt, die Fürstenbergisch sind. Zwölf Gruben sind im Gange und lieferten von 1795–1810 an Silber gegen hundertachtzigtausend Gulden. Das benachbarte Gutach- oder Triberger-Tal gehört zu den romantischsten Tälern des Schwarzwaldes, von etwa zwei Stunden Länge, ein wahrer Obsthain. Am Zusammenfluß der Gutach mit der Kinzig liegt Hornberg mit einem Bergschloß und tief in der Schlucht Triberg; die Gutach bildet hier einen der schönsten Wasserfälle. Hier zu Furtwangen und Schönwald ist der Sitz der Strohflechter, Holzuhrenfertiger, Blechlöffel- und Holzschuhmacher und Hausierer. Die zarten Hände aber, welche die feinen Strohgeflechte liefern und sich selbst Schönwälderinnen nennen, müssen selten in – Spiegel sehen oder ganz eigene haben!

Von Schönwald führte mich mein Weg über Vöhrenbach nach dem gewerbsamen Villingen. Das Städtchen zählt dreitausendfünfhundert Seelen und ist ein Stapelplatz des Getreidehandels im Schwarzwald und nach der Schweiz. Villingen ist für den Hydrographen am wichtigsten, denn hier haben eine Menge Flüsse und Flüßchen ihre Quellen, selbst die Donau. In der Nähe liegt Königsfeld, eine Kolonie der Frommen, die ich nicht besuchen mochte, weil sie sich alle – gleichen!

Von Villingen ging es durch das Breg-Tal nach dem etwa fünf Stunden entlegenen Donaueschingen, die Residenz der Fürstenberger. Dieses Haus, das bis zu dem Agilolfinger Evan, Major Domus des Kaisers Dagoberts († 640) zurückdatiert, ist ansehnlicher noch als Leiningen, denn es besitzt unter badischer, württembergischer und – hohenzollerischer Hoheit wenigstens achtunddreißig Quadrat-Meilen mit sechsundachtzigtausend Seelen, ohne die Güter in Böhmen. Sonst war das Haus auch ziemlich geteilt, alles fiel aber 1744 an die Stühlinger Linie, doch gibt es noch eine Linie in Mähren, die meist zu Wien lebt. Die Hauptbesitzungen liegen im Seekreise, die Ämter Hüfingen, Blumberg, Löffingen, Möhringen, Neustadt, Stühlingen, Vöhrenbach, Engen, Heiligenberg (von dessen Bergschloß eine der erhabensten Aussichten) Meßkirch, Haslach und Wolfach. Zu Fürstenberg ist die Ruine der Stammburg, im Nonnenkloster Mariehof das Erbbegräbnis, zu Wildenstein auf einer Donauinsel war die Fürstenbergische Bastille und Kreenheinstetten die Wiege des in der Kutte verunglückten komischen Genies, des Paters Abraham a S. Clara!

Bei Engen schlug Erzherzog Karl 1799 die Armee Jourdans aufs Haupt, die auf Befehl des Direktoriums vorrükken sollte an die Quellen des Neckars und der Donau. Vergebens hatte Jourdan um Verstärkung gebeten und geäußert, daß er mit seiner geringen Macht leichter den Tod, als Lorbeeren finden würde, Kriegsminister Scherer sandte statt Truppen französische Artigkeiten: »Franzosen von Jourdan angeführt, flößen Sicherheit ein, wie überlegen auch der Feind sein mag« – und so floh sein geschlagenes Heer nach Offenburg und Gengenbach. Im österreichischen Heere kämpften mehrere Fürstenberger und starben den Heldentod.

Donaueschingen ist ein freundliches Städtchen von eintausendachthundert Seelen, das nicht immer so lebhaft sein kann wie zur Zeit, wo Erzherzog Karl hier sein Hauptquartier aufschlug, das Schloß gleicht eher einer schönen großen Fabrik und in dem Park hinter demselben sah ich eine Urne mit der Inschrift, *Autori Emilia Galotti* – die Hauptmerkwürdigkeit aber ist die im Schloßhofe gefaßte Quelle der Donau, der zu Ehren Briten schon große Umwege gemacht haben. Anspruchslos und selbst sein Dasein bestritten, beginnt der mächtigste Strom Europas seine Bahn und endet kaiserlich – der Rhein macht freche geräuschvolle Sprünge und verliert sich namenlos in niederländischen

Gez. v. R. Höfle

Stahlst. v. J. Umbach

ST BLASIEN

Flächen – so viele Menschen! Jener österreichische Reiter trat mit beiden Stiefeln auf die Quelle und rief: »Jetzt werdens z'Wian aufschaun, wenn d'Donau ausbleib'n tut« und war wohl der nämliche, der zu Mainz badete und bei dem Namen Rheinbad äußerte, daß man es z'Wian Donaubad heiße. Ich tat gelegentlich einer Mission in das kais. königl. Hauptquartier pflichtschuldigst auch den Schritt über die Donau mit der Miene des Weltmanns, als ob ich nie etwas von Breg und Brigach, den Adjutanten gehörte hätte, die das Beste tun müssen!

Wild sind die Gegenden über Hüfingen und Tiengen nach dem Bodensee und Schaffhausen. Hier erwähne ich eine frühere Reise im Schwarzwald, die nur selten gemacht wird, über die Vier Waldstädte längs dem Rhein nach Basel und von Waldshut nach St. Blasien. Diesc berühmte Abtei, wohin sich Mönche der Rheinau in Kriegsunruhen flüchteten und die Knochen St. Balsii mitnahmen, überrascht durch ihre Lage in tiefer Schlucht zwischen himmelhohen schwarzen Tannengebirgen, wie durch ihren majestätischen Bau. Wahrlich der Zugang zur großen Kartause ist nicht wilder und St. Blasien weit schöner. Nach dem Brande von 1768 baute der gelehrte Fürstabt Martin die Abtei im schönsten Stile wieder auf, mit einem Aufwand von einer halben Million, was er konnte, denn das Stift hatte weit über hunderttausend Gulden Einkommen. Diese Benediktiner hatten es zu einem kleinen Fürstentum gebracht, das fünfundzwanzig Gulden Reichssteuer zahlte und anderthalb Kavalleristen und sechs Infanteristen Kontingent stellte.

Jammerschade, daß die herrliche Rotunde, welche Majestät mit Einfachheit vereint ohne Gold und Silber, in dieser rauhen Einöde stehen muß, wo Frühjahr und Sommer kaum vier Monden dauern und man durchaus zu Fuß sein muß, wenn man nicht seine gesunden Knochen wagen will. Es ist jetzt ein Amt hier, ein Oberforstamt und die Gewehr- und Spinnmaschinen-Fabrik des Bankier Seligmann, die sechshundert Menschen beschäftigt. Zu meiner Zeit aber lebten noch hundert Benediktiner hier, wovon vierzig auf Pfarreien und Vikariaten abwesend waren. St. Blasien wird stets unter den gelehrten Prälaturen genannt werden, die den Denker mit der Möncherei etwas versöhnten und Hergott und Gerbert stets ihr Andenken erhalten. Selbst Nicolai war hier bezaubert und rief mit Lessing: »Schöne Wohnung und romantische Gegend, schöne Bibliothek, keine Nahrungssorgen, Ruhe, Muße und gelehrte Gesellschaft – was könnte ein Gelehrter im Alter mehr wünschen?« Recht gerne wollte ich jetzt da absterben als Pater Bibliothekar!

Die meisten Reisenden, wenn sie das große Naturschauspiel, den Rheinfall von Schaffhausen und allenfalls das Brettchen mit dem Reimlein im Schlößchen bewundert haben:

Auf diesem Brett tu nicht vergessen
ist Josephus der Zweite, Röm. Kaiser gesessen,
ist drauf gefahren über den Rhein
präg's deinen Kindes-Kindern ein!

reisen entweder weiter in die Schweiz oder kehren um. Ich verfolgte aber den vaterländischen Lieblingsstrom, etwa fünfundzwanzig Stunden lang, bis Basel und seine Ufer verdienen es weit eher als die von Basel bis Speyer; man wandert zwischen doppelten Reihen von Bergen, die allenthalben die malerischsten Ansichten und fruchtbarsten Täler bilden. Vater Rhein macht noch allerlei Sprünge, wenn auch keine so bedeutenden mehr, wie bei Schaffhausen. Höchstmalerisch liegt Rheinau mit seinem Kloster auf der Rheininsel, unterhalb Zurzach ist der erste Fall, dann erscheinen die Waldstädte. Waldshut ist unbedeutend, aber seine Lage wetteifert mit der von Hauenstein und bei Lauffenburg tobt der Rhein dermaßen durch die enge Schlucht, daß die Kähne ausgeladen und an Stricken über den Sturz hinabgelassen werden, der den Namen Lauffen führt. Man erblickt die Ruinen von Oftsing und Säckingen, wo der heilige Fridolin eines der ältesten deutschen Klöster stiftete

Gez. v. R. Höfle

Stahlst. v. Fr. Hablitscheck

St. MAERGEN

IM SCHWARZWALD

und in der St. Hilariuskirche von seiner Arbeit ruhet. Bei Rheinfelden ist schon wieder ein Fall, Gewild genannt und auf einer Felseninsel steht eine Warte, Stein genannt, die römisch sein soll. Der Rhein fängt schon eine Stunde vor Rheinfelden wild über Felsen zu brausen an und bei der Stadt selbst müssen sich die Schiffe mit der größten Vorsicht durchwinden. In dieser Gegend war es, wo Johann von Schwaben den Kaiser Albrecht erschlug und zwei Stunden davon auf Schweizerboden liegt Augst, oder der Überrest von Augusta Rauracorum, von wo noch zwei Stunden nach Basel sind.

Basel ist die größte und gewerbsamste, aber häßlichste Stadt der Schweiz, die mich hier nichts angeht. Das Schweizerblut von St. Jakob habe ich gekostet, es ist allzu derber Schweizer Natur. – Erasmus ist längst Staub und mit den beiden Brüdern, deren Meiners gedenkt, wovon der eine beim Spazierenfahren bemerkte: »Das ist eine schöne Wiese,« und der andere, nach drei Stunden Stillschweigen erwiderte: »Sie ist doch zu feucht,« verlangte ich keine Bekanntschaft zu machen. Fribenius ist tot und Buchhändler Schöll Königlich preußischer Geheimer Ober-Regierungsrat geworden. – Holbeins Totentanz ist nicht mehr und weit mehr interessierte mich Mechels Kunstkabinett, wäre es auch nur aus dem in mehrere Felder geteilten Kunstblatt bestanden, wo im ersten Felde ein Froschkopf und im letzten ein Apollokopf steht, die Schattierungen der übrigen Felder aber so unmerklich ineinander laufen, daß sich der Froschkopf, ehe man sich's versieht, auf's natürlichste in den Apollokopf verwandelt hat. Wie demütigend für die schönen Köpfe sine cerebro! Ich gehe nicht nach Basel – streckt nicht am Brückentor der Lalli die Zunge heraus? – strecke du! Und hat die alte deutsche Stadt sich nicht getrennt vom Bunde der Deutschen?

Achtundzwanzigster Brief.

Der Bodensee

hat eine Menge Namen. Ammianus Marcellinus nennt ihn *lacus Brigantinus* (Bregenz), Pomponius Mela *lacus Rheni* und *Acronius* (a. krummer See), Konstanzer See, lac de Constance, Bodensee (Bodamicus) aber ist der allgemeinste Name, nicht wegen seiner Bodenlosigkeit, wenn man gleich bodenböse sagt, sondern vom alten Schloß Bodman. Der kleinere Teil des Sees heißt auch im Gegensatz des größeren Teils von Bregenz bis Konstanz oder des oberen Sees – der untere See, Überlinger, Zeller-See. Am allergelehrtesten klingt die Ableitung von *potamos,* so gelehrt als die Ableitung Adelungs Philister von Ballistarii. Adelung war kein Theologe, sonst hätte er gewußt, daß Theologen früher die händelsüchtigsten unter den Studenten waren und ihnen als großen Bibelgelehrten das Wort Philister, Ur-Bezeichnung des Plebs, um so näher lag, als sie dabei im Lichte des Simson erschienen und an den Eselskinnbacken dachten sie nicht.

Das herrliche vom Rhein gefüllte Wasserbecken, der bei Rheineck ein- und bei Konstanz wieder ausfließt, um den Ober- und Untersee miteinander zu verbinden, hat achtzehn Stunden Länge und vier Breite; die Tiefe soll an vielen Stellen gegen 2000′ sein, z. B. bei Meersburg und Lindau; der Flächenraum mag zu neun Quadratmeilen geschätzt werden. Nach einer ganz verlässigen Messung ist die Tiefe zwischen Friedrichshafen und Rorschach 849′. Wegen der Tiefe gefriert er nie ganz, wenn man es gleich vom Jahr 1695 behaupten will; die Alten nahmen es nicht so genau. Seine Ufer sind überall flach und daher gefriert er leicht an den Ufern, aber in dem kalten Winter 1788–89, wo man von Lindau nach Bregenz auf dem festgefrorenen Eis fahren konnte, war er keineswegs in der Mitte gefroren. Im Jahr 1695 war der See in seiner größten Breite von Langenargen bis Arbon fest gefroren und man maß diese Breite

R. Höfle del. L. Thümling sculpt.

St. PETER.

zu 7425 Klaftern. Dieser Bodensee ist in meinen Augen der schönste Erdenfleck des weiten Vaterlandes, dreimal begrüßte ich seine Ufer und ich hoffe nicht zum letztenmale. Was Voltaire vom Genfersee sagte: »*Mon lac est le premier lac du monde*«, sage ich als Deutscher vom Bodensee. Wäre nur jedes *Mon* so gut begründet!

Lange sprach man dem Ammianus nach, daß der Rhein sich nicht mit dem Seewasser vermische. Dies ist nur der Fall beim Einfluß, wie bei anderen Gewässern auch. Fürchterlich ist die Beschreibung seines lacus Brigantinus, der jetzt als Bodensee so reizend, und lächerlich die Nichtvermischung seiner Wasser, denn der Bodensee ist ja eigentlich der Rhein selbst. Die Niederländer, denen doch der Rhein alles ist, denken wohl schwerlich daran, wieviel sie diesem Rheinbecken schulden. Ungeheuer ist der Sand, die Erde und Steine, welche der wildjugendliche Fluß aus Graubünden mit sich herabreißt, die zuletzt seine Mündung verstopfen und Holland wieder zum Froschsumpf machen müßten, der es vorher war. Offenbar hatte der See einst weit größere Ausdehnung, das Rheinbett gräbt sich immer tiefer, der See wird ärmer an Wasser und der Natur der Sache nach muß er sich zuletzt ganz füllen mit Erde; bis aber dies geschieht, kommt vielleicht der jüngste Tag.

Der Bodensee nährt die herrlichsten Fische, Hechte, Karpfen, vorzüglich aber eine Art Lachsforellen, genannt Rheinlacken, die es bis zu dreißig Pfund bringen. Der eigentliche Lachs kann wegen des Rheinfalls nicht in den See kommen, aber die große und kleine Muräne *(Salmo Muraena)* ist der Hauptfisch. In der Jugend hießen diese Fische Gangfische *(Poissons de passage),* die mariniert weit und breit versendet werden, im ersten Jahre Heuerlinge, erwachsen aber Felchen, Blaufelchen *(Salmo Wartmanni),* bis zu einem Pfund schwer; solcher gebratener Felchen bin ich nie satt geworden. Um die Ufer des Sees finden sich Sumpf-, Wasser- und Strandvögel und Schaltiere in Menge; die Regenpfeifer verkündigen dem Reisenden schon von weitem die Nähe des Sees.

Der Weinbau geht ins Große. Die sogenannten Seeweine sind zwar herber Natur, unbehaglich einem ungewohnten Gaumen, aber es gibt sich und im Alter sind sie trefflich. Sie haben einen Vorzug weiter, die Wohlfeilheit und daher wird am See viel getrunken, woraus wieder folgt, daß die Weine nur selten – alt werden. Ich habe in Privathäusern Seeweine getrunken, die es mit anderen Rheinweinen aufnehmen dürfen und der beste war, nach meinem Geschmack, der Schleitheimer auf Reichenau. Die Mönche verstanden sich auf Weine! Diese Seeweine sind der wahre Gegensatz der süßlichen Neckarweine, denen aber der Rheintaler allerdings noch vorzuziehen wäre, wenn er sich hielte. Schon nach acht Tagen genierte mich die herbe Natur nicht mehr, ich fand den Wein nicht nur gesund und stärkend, sondern sogar angenehm, – so viel tut Gewohnheit. Jene beiden Landprediger klagten über ihren Besoldungswein: »Herr Bruder, mir ist's, als ob mir eine Katze in den Hals kröche.« – »Und mir, lieber Herr Kollege, als ob ich die Katze am Schwanz wieder herauszöge.« Aber zuletzt gewöhnten sich beide daran und lobten Gott den Herrn, der ihnen Besoldungswein gegeben habe. Kurz, der Zusatz zu Claudius Rheinweinlied ist ungerecht:

Wer wollte mit dem Rheine wohl vertauschen
den Wein am Bodensee?
in seinem dürren Krätzer sich berauschen?
da trinkt man lieber Tee!

Der lebhafte Handel auf dem See besteht meist in Landeserzeugnissen, Getreide, Wein, Holz, Vieh, Obst, Gemüse etc., von einem Ort zum anderen, vorzüglich aber nach der Schweiz, und auch in Salz und italienischen Produkten. Die Schiffahrt macht den See so lebendig, daß Kaiser Josef mit Recht den schöneren Genfersee das tote Meer nannte. Es gibt Schiffe, die 2500 Zentner laden, gewöhnlich 1000 bis 1800 Zentner. Die Zahl kleinerer zur Fischerei und Überfahrt ist unzählbar. Die Bodenseeschiffe schienen

Gez. v. R. Höfle

Stahlst. v. F. Foltz

SCHLUCHSEE BEI Sᵀ BLASIEN

mir alle so flüchtig gebaut, als auf der Donau und was sie zur Zeit des Sturms noch gefährlicher macht, sind die flachen Boden, die sie wegen der geringen Tiefe am Ufer führen, neben den hohen Masten von achtzig bis hundert Fuß, die jeden Windstoß gefährlich machen. Wenn der Alpenschnee schmilzt und der See auf acht Fuß hoch wächst, ja in ungewöhnlichen Jahren zu fünfzehn bis zwanzig Fuß und der Südwind (Föhn) stürmt, wagt sich zwar der vorsichtige Schiffer nicht leicht hinaus, die Gefahr kommt in der Regel nur vom bewölkten Himmel und vom Föhn, folglich kann man vorbeugen – aber es gibt auch Wagehälse, Säufer, ungeschickte und leichtsinnige Schiffer. Kein Jahr vergeht, wo nicht Unglück geschieht. Der Bodensee zürnt wie das Meer und kann in seinem Zorn Wellen schlagen von Hauses-Höhe und seine Tiefen bewegen bis zu drei Klaftern. Landseen und Binnenmeere sind stets gefährlicher als das Weltmeer, so wie durch die große Welt leichter zu kommen ist, als durch die kleine spießbürgerliche!

Auf dem ganzen See sah ich kein Schiff mit Verdeck – keine Schiffe, wie auf dem Rhein. Ist es liebe alte Gewohnheit oder hat es einen wesentlichen Grund? Nicht einmal sogenannte Blauen führten die kleinen Extra-Nachen, auf denen ich nach Konstanz, Reichenau und Mainau fuhr und so stieg ich in der Mittagshitze einigemal halbgebraten ans Land, wie eine Felche! Die größten Schiffe haben hundert und zehn Fuß Länge und vierzehn Fuß Breite und nur vier bis fünf Fuß Wasser; die kleinen heißen Seegner, die großen aber Ladys. Was wohl die englischen Ladys, die hier viel zu tun haben, dazu sagen mögen, vorzüglich, wenn die Rede ist von einer leckgewordenen Lady?

Bodensee und Rhein machen die Grenze zwischen Deutschland und der Schweiz, jedoch liegen ein Teil des Thurgaus, der Kanton Schaffhausen, Klein-Hüningen und Riechen (das ungemein viel Kirschen für das Basler Kirschwasser, wozu als Frühstück die Basler Leckerle gar nicht übel sind, liefert) noch auf deutscher Seite. Die Schweizer Ufer oder der ganze Süden des Sees, sind schöner und kultivierter als die deutschen, die zerstreuten Wohnungen mit ihren Obstgärten, die Rebenhügel, der ganze herrliche Thurgau und im Hintergrunde die Alpen, machen ein Naturgemälde, das einzig ist. Fast überall erblickt man Romanshorn, ein großes Dorf auf einer Erdzunge, an deren äußerster Spitze ein Schlößchen steht – Arbon, ein Städtchen, wo der See, Friedrichshafen gegenüber, am breitesten ist, vorzüglich aber Rorschach, ein volkreicher Markt, wo auch die Getreidehändler hübsche Häuser haben. Am Hafen ist das gut erbaute Kornhaus und jeden Donnerstag einer der besuchtesten Fruchtmärkte der Schweiz.

St. Gallen, die berühmte Fabrik- und Handelsstadt der Schweiz, sieht man nicht, denn sie liegt anderthalb Stunden landeinwärts im Tale, sie aber kann die Ansicht des herrlichen Sees genießen von der Anhöhe Vögliseck, die gesunden Molkentrinkern zu Gais wohl bekannt ist. Schwerlich würde das drei Stunden entfernte Vögliseck bestiegen, wenn die Molken aus der Ziegenmilch, welche die balsamischen Alpenkräuter des Säntis erzeugen, nicht stärkender wären, als die Wasser Schwalbachs, Karlsbads, Pyrmonts und Spaas. Der letzte Schweizerort ist Rheineck, aber die Jugend des Rheins ist lange nicht so schön, als sein männliches Alter auf deutscher Erde, seine Ufer sind hier voll Sümpfe und sein Bett voll Kies!

Die nördliche Seite des Sees ist ganz deutsch und seine Schönheit wirkte so magisch, daß alle vier den Süden Deutschlands bildende Staaten an dem deutschen Binnen-Meer Anteil haben wollten, daher man in acht Stunden in Österreich, Bayern, Württemberg und Baden sein kann. Österreich hat Gaisau, das erste deutsche Dorf, Rheineck gegenüber, Rohr, Fusach, Hard, Meherau, wo die Bregenz in den See fällt und das liebliche Bregenz – Bayern Lindau und einige Dörfer – Württemberg Friedrichshafen und Langenargen etc. – Baden aber den größten Teil mit Meersburg, Überlingen, Radolfszell, Konstanz und den Inseln. Nur der fünfte Souverain im Süden, den ich fast vergessen hätte, ist am See zu kurz gekommen – Hohenzollern!

Gez. v. Jac. Pozzi — Stahlst. v. J. Buhl

DIE MOSCHEE ZU SCHWETZINGEN

THE MOSQUE AT — LA MOSQUÉE

SCHWETLINGEN

Welch ein Anblick, wenn man von den letzten Höhen Schwabens den ganzen Wasserspiegel samt allen seinen Busen und segensreichen Gestaden ausgebreitet vor sich sieht – im Glanze der Morgen- oder Abendsonne! Den Garten Thurgau – die Arlberge – die Appenzeller Schneeberge – und den 7700 Fuß hohen Säntis! Nur der Anblick des Elements, in dem unsere Erdkugel schwimmt, ist erhabener und größer und daher macht es ernst und nachdenkend, wie der Anblick des Sternenzeltes – der Anblick des Bodensees aber macht heiter und froh, wie der Genfersee auch. Österreich, der Schwäbische Kreis und die Schweiz stritten sich einst um die Oberherrschaft auf diesem kleinen Meere, da sie aber keine Flotten hatten, wie Briten, Franzosen, Spanier und Holländer, und Admirale und Vize-Admirale nur in ihren Konchylien-Kabinetten, so blieb dieses deutsche Meer frei und kein Menschenblut rötete diese herrlichen Gewässer. Dies könnte auch auf dem Festlande der Fall sein, wenn die Souveräns – keine Armeen hätten!

Über Schönheit ist schwer zu streiten und so ist auch der Streit, ob der See am Eingang in die Schweiz oder am Ausgang derselben der schönere sei? Der Genfersee hat nicht diese Lebendigkeit auf dem Wasser und an den Ufern nicht diese prächtigen Wälder, nicht die schönen Gärten des Thurgaus und seine glänzenden Bleichen, keine Reichenau und keine Mainau – aber der Bodensee hat auch wieder keinen Jura, keine Savoyer-Alpen, keinen Montblanc, keine Vins de Vaux und de la Côte – nicht die zahlreichen Villen und Kunstanlagen – nicht die interessante Gesellschaft – keine berühmten Namen, wie Voltaire, Rousseau, Gibbon, Necker etc. verklären den Bodensee. Aber was sind wieder die armen öden Ufer Savoyens gegen die lieblichen Vorlande des Bodensees bedeckt mit Städtchen, Schlössern, Klöstern, Dörfern und wohlhabenden, zufriedenen guten Menschen? Und ist der Genfersee nicht eine wahre Rumpelkammer einst wichtig gewesener Leute, die Rollen spielten, Rollen in ihren Koffern mit hierher flüchteten und das Rollenspiel nicht lassen können? Alle diese Exe – Ex-Könige, Ex-Minister, Ex-Generale, Ex-Genies – Necker, diesen Märtyrer der Vereinigung der Moral mit der Staatskunst, würde ich ausnehmen, wenn er nicht so eitel gewesen wäre und ein böses Muster für die Budget hinterlassen hätte, in seinem *Comte rendu* mit blauem Umschlag (daher es die Franzosen *le Compte bleu* nannten!), machen dieses Paradies so teuer, als England und Rußland, teuer müssen sie die Ruhe zahlen, die sie hier suchen und selten finden, denn sie wohnt nur bei einfachen Menschen und in eigener schuldloser Brust!

Alles auf der Goldwaage der Justiz abgewogen, behält Voltaire Recht »Mon lac est le premier des lacs«– aber eines Deutschen *Mon* bleibt doch der Bodensee, an dem er leicht den Genfersee vergessen kann und selbst die Schönheiten Lissabons, Genuas, Neapels und der Stadt Konstantins! Der Bodensee ist der schönste, größte und lieblichste Anblick in ganz Deutschland, mag er auch für einen See zu groß und für ein Meer zu klein sein, wie Kritiker behaupten, die nie mit etwas zufrieden sind. Mehr als die schönste Schilderung sagen gute Kupferstiche und Gemälde – aber auch sie gleichen doch wieder dem Kinderhändchen großen Kupferstich in Posselts Almanachen, welcher die Schlacht v. Abukir vorstellt! Italien hat sein Kampanien, Frankreich seine Provence, Spanien sein Valencia, Rußland seine Krim und Deutschland – den Bodensee. Aber tausende Deutscher sind schon nach der Schweiz gelaufen über Schaffhausen bis Genf und längs dem Jura über Basel wieder zurückgekehrt, ohne das deutsche Meer mit Augen gesehen zu haben und Briten bleiben ohnehin auf der Landstraße!

Der Genfersee begeisterte Matthisson, der Bieler J. J. Rousseau, der Züricher Geßner, und unser Bodensee – fand noch keinen Dichter? Oder wären Bodmers und Wesenbergs Versuche würdige Gegenstücke? Das heilige Meer hat schon viele Dichter begeistert und viele haben sogar Seestürme versucht – im sicheren Hafen, aber wir sind gleichgültig gegen dieses deutsche Meer und seine unbe-

Gez. v. R. Höfle — Stahlst. v. J. Riegel

SPONECK

schreiblichen Schönheiten, so gleichgültig, wie gegen unsere großen Männer!

Konstanz ist die Hauptstadt des Bodensees und des Badischen Seekreises am linken Ufer des hier in den Untersee fließenden Rheins, die viertausendfünfhundert Seelen zählt, mit der Garnison fünftausend. Begünstigt durch die Lage, weit mehr als Schaffhausen, St.Gallen und Zürich, sollte Konstanz billig die erste Handelsstadt in der Gegend sein, aber es wächst Gras in der Stadt des Konstantius! Bigotterie, die alle Industrie lähmt, mag Ursache sein – oder sollte der Fluch vom Konzilium her noch auf ihr lasten? Es wäre möglich, daß das vierjährige geistliche Juhe die Einwohner liederlich und arbeitsscheu gemacht hätte. Wie gewonnen, so zerronnen! Die Konstanzer mögen da ihre moralische Freiheit verloren haben, die Hauptsache ist aber wohl der Verlust ihrer politischen Freiheit. Konstanz wurde Österreichische Landstadt und ihr Pactolus floß nun nach der freien Schweiz, der Linnenhandel zog sich nach St. Gallen, die Messen nach Zurzach und nichts blieb als der schändliche Brandfleck im sogenannten Paradiese, dessen eigentliche Stelle nicht mehr gefunden wird!

Es muß auffallen, daß an diesem herrlichen See und in der ganzen glücklichen Gegend überhaupt keine recht blühende deutsche Stadt zu finden ist. Der Schwabe scheint mir regsamer als der Schweizer, sollte die Religion Schuld haben oder die alte Vielherrschaft? Konstanz könnte hier die Königin sein, wie Geneve – aber sie ist gefallen, wie Tyrus, ihre Straßen sind einsam und verlassen, das Gras in denselben könnte einer armen Dorfgemeinde aufhelfen – sie ist öde und finster wie Jerusalem, wegen der Greuel, die da geschehen sind. Wie ganz anders muß es ausgesehen haben, als noch dreißigtausend Menschen hier wohnten, Gewerbe, Wohlstand und Gemeingeist blühten und eine Armee von Leviten Hussens und Hieronymus Scheiterhaufen anzündeten. –

Da drang durch deine Tor'
ein Schwall von schwarzen Bäuchen,

Die sich vom Evangelium
wie Fürsten mästeten, herbei aus allen Reichen
zum heiligen Synedrium!

Die Chronik nennt den Papst mit einem Gefolge von sechshundert Personen, fünf Patriarchen mit hundertachtzehn Personen, dreiunddreißig Kardinäle mit dreihundertsechsundfünfzig, siebenundvierzig Erzbischöfe mit eintausendfünfhundert, hundertfünfundvierzig Bischöfe mit eintausendfünfhundert, fünfhundert Fürsten und Herren mit dreitausendsechshundert Personen, eintausendfünfhundert Ritter, zwei- bis dreitausend Doktoren und Magister etc., und nun noch Soldaten, Bediente, Kaufleute, Geiger, Pfeifer, der Menschenzufluß von nahe und ferne, und über siebenhundert H…, »ohne die heimlichen, die laß ich beleiben«, sagt Ulrich Reichenthal!

Konstanz' höchster Glanz war unstreitig diese Epoche und der Luxus zeigte sich auf einer weit höheren Stufe als bei den weltlichen Kongressen unserer Zeit – es gab geistliche und weltliche Feste – Prozessionen und Stechrennen, Schmausereien und Komödien – aus der Tragikomödie der S. S. Theologorum scheint sogar die wahre Komödie hervorgegangen zu sein. Die englischen Kardinäle brachten Mysterienspieler mit, der Geschmack davon verbreitete sich durch Schwaben in ganz Deutschland und offenbar bildeten die geistlichen Komödianten die weltlichen, gegen die sie so lange eiferten. Zu Tübingen spielten jetzt Studenten und zu Waiblingen gaben die Bürger mit solchem Beifall das jüngste Gericht (1571), daß sie auch vor dem Hofe zu Stuttgart spielen mußten – aber die Bühne fiel ein, die Hölle geriet in Brand, die Teufel flohen und Gott der Vater fluchte dermaßen auf seinem Throne, daß alles – lachte!

Der alte ehrwürdige Dom zu Konstanz war mir das Interessanteste – die frommen Seelen eilten gerade nach der Frühmesse und ich folgte, studierte einige alte Gemälde und das häßlich zugerichtete Männchen unter der Kanzel, das wohl eher den Baumeister vorstellen sollte, als Luther oder Huß, die vielen bigotten Gesichter aber, selbst einige

Gez. v. K. Corradi　　　　Stahlst. v. J. Umbach

STOCKACH VON LORETTO AUS

alte geistliche Herren in vollem Ornat, machten mir den unheimlichen Ort noch unheimlicher und ich eilte hinauf auf den Turm, um das herrliche Panorama zu genießen und mich für meine Reise um den See zu orientieren. Bei allen Fernsichten tritt der Fall ein, selbst beim schärfsten Auge, daß man einen Baum für einen Turm und Wolken für Gebirge nimmt und umgekehrt. So ist es gerade auch in der moralischen Welt, man hält oft einen Schurken für einen ehrlichen Mann und die ehrlichste Haut für einen Schelm. Wir irren insgesamt und jeder irrt anders und da mein Führer sich irrte, so mußte ich mich auch irren!

Auf dem Domplatz mit der Mariensäule stand auch das Gerüst, wo sie den Mann des Priesterornats und Priesterordens feierlich beraubten, der beide mehr geehrt hatte, als alle versammelten Väter – und Hussen die Papierkrone mit Teufelslarven aufsetzten, der lächelnd der Dornenkrone seines Heilandes gedachte. Hier war mir wieder so unheimlich, daß ich nur noch nach dem Konziliums-Saale lief und flüchtig den Hafen besah und den mit Pappeln besetzten Spaziergang am Hafen auf der oberen Mauer, sodann über die Rheinbrücke, die eine stattliche Mehl- und Sägemühle auszeichnet, eilte, der Abtei Petershausen vorüber, nach der Höhe, wo die Loretto-Kapelle und ein Kreuz steht mit göttlicher Aussicht. Erst unten in Staad an der Spitze der Erdzunge, die den unteren See in zwei Arme teilt, fühlte ich mich freier und leichter um die Brust, wo man Konstanz nicht mehr sieht!

Bejammernswerte Stadt, seit jenen Tagen wandten,
verscheucht von träger Lustbegier
und von der Schwelgerei hochwürdigen Bachanten,
sich Fleiß und Wohlstand weg von dir.

Die lateinische und deutsche Inschrift am alten Portale des jetzigen Kaufhauses: dies ist das Hus des Friedens und der Einigung mit der heiligen christlichen Kirchen, in dem die unreine Irrung dreier Papsten ufgehört, und Einheit christlicher Geistlichkeit durch die heil. Erwählung P.Martin V. bestellt A.D. 1417 uf Martini« mag auch Anteil daran gehabt haben. Hier in der ehemaligen Kartause, jetzt Fruchtmagazin, wo die Schwarzen ihr Magazin der Dogmatik aufschlugen und von 1414–18 Sitzungen hielten, hat ein Antiquar ein Antiquitäten-Magazin von allerlei Trödel – man sieht neben Bildern, Karten, Waffen etc. die hölzernen, einfachen Stühle des Kaisers und des Papstes und auch den Wagenkasten, auf dem Huß nach dem Richtplatz geführt wurde; Andacht und Neugierde haben jene Stühle ihrer Überzüge beraut und vom Wagenkasten viel Späne abgeschnitten. Während ich der entzückenden Aussicht auf den See genoß, setzte sich mein Begleiter auf einen der Stühle und entschlummerte; er entschuldigte sich, es sei ihm vorgekommen, als ob er mitten unter den Vätern des Synodus sitze, Langeweile habe und den Kirchenschlaf schlafen müsse. Hätten die Väter Sinn für die schöne Natur umher gehabt, unmöglich hätten sie Ketzerrichter sein können. Gott gebe, daß wir keine Opfer religiöser Unduldsamkeit mehr sehen, aber auch keine Opfer politischer Unduldsamkeit! Herr, erlöse uns von allem Übel!

Konstanzens reichsstädtisches Ende verewigt eine Tat würdig der schönsten Taten des Altertums. Tapfer kämpfte ein Bürger auf der Brücke gegen Karls V. Spanier, zwei unterliefen ihn und da er nicht siegen konnte, so umfaßte er beide und begrub sich mit ihnen in den Fluten des Rheins. In der Vorstadt Paradies wohnen so fleißige Gärtner, als nur immer zu Sachsenhausen, und ihr Kappiskraut ist so gesucht wie das Kraut der Filder, aber die Kolonie ausgewanderter Genfer von etwa sechshundert Seelen konnte Konstanz' Industrie nicht aufhelfen, noch weniger zu dem Lust machen, was Genf vor allen Städten auszeichnet, die ganz eigene Liebe zur ernsten Lektüre und der Wunsch eine kleine Bibliothek zu besitzen!

Die Kirchengeschichtler werden mir erlauben neben Hussens und Hieronymus' Scheiterhaufen und den Gräbern dieser doch etwas eigensinnigen Glaubensmärtyrer, auch

Gez. v. J. Lange — Stahlst. v. J. Riegel

BLICK IN DEN TAUBERGRUND

VON MILTENBERG AUS.

des Denkmals eines hochverdienten 1415 hier verstorbenen Griechen zu gedenken, des Chrysolaras, dem Aeneas Sylvius eine so schöne Grabschrift setzte. Das Gemälde in der Jesuiten-Kirche, die Überschattung Marias sah ich nicht; Gott der Vater haucht aus den Wolken, und eine Taube bringt der zur unbefleckten Empfängnis gelagerten Mutter Gottes ein Ei. Ich sah diese rührende Szene nicht, denn ich eilte, wie gesagt, so ängstlich aus Konstanz, daß ich jetzt selbst darüber lächeln muß, so ängstlich, als ob das ganze Verfolgungsheer der Schwarzen hinter mir herbrauste, wie nächtlicher Weise die Gespensterheere auf Gottesäckern und Schlachtfeldern.

Im Jahr 1458 nahm ein Schützenfest hier einen gar üblen Ausgang: Ein Konstanzer weigerte sich einen Berner Plappert (30 = 1 Gulden) anzunehmen, nannte ihn Kuhplappert, und so verließen die Schweizer erzürnt das Fest, sammelten sich zu viertausend Mann und verwüsteten Konstanz' Umgegend. Dies hieß der Plappertkrieg. Desto angenehmer war 1780 der Besuch des Kapuziner-Generals, dessen Ankunft hier und in ganz Oberschwaben so viel Lärm machte, als nur immer Napoleon hätte machen können. Feierlichst wurde der Hochwürdige an der Grenze empfangen, alles lief nach dem Dom, wo das Te Deum angestimmt wurde, wie nach dem Kapuzinerkloster, wo alles geweiht und gesegnet wurde. Hier stand auch eine Ehrenpforte in den Bildnissen drei deutscher Kapuziner-Generäle und der Inschrift:

Tres sunt effigie germanae Gloria gentis
ipse sed in proprio corpore Quartus adest!

Der Herr General hatten ihre Maultiere vorausgesandt, um in apostolischer Demut zu Fuße einzuziehen, und deren erste Worte waren: *Valent ne muli mei?* die ganze Versammlung rief tief sich neigend *Immo! Immo!*

In der Buchhandlung Wallis fand ich wenig, außer geistlichen Büchern, doch gab es eine Lesebibliothek und auf dem Gemüsemarkt sah ich recht artige Gestalten, die sich vielleicht noch vom Konzil herschreiben, wie die zu Avignon und Passau vom päpstlichen Hofe und den Domherren. Sie vermochten mich nicht zu fesseln und der echte *Vin de Constance* wächst nur auf dem Kap. Nachmittags zeitig stand ich entfesselt auf dem Balkon des Schlosses zu Mainau, verloren im Anblick der Zauberbilder des Sees und der Gebirgsnatur, sah in den prächtigen Spiegel des smaragdenen Meeres und hätte hinabspringen mögen in die kristallhellen Fluten – was ich denn zuletzt auch tat, versteht sich abends am Ufer.

Die Mainau ist mehr als die Petersinsel im Bieler-See, wenn gleich dorten nur namenlose Deutsch-Ordensritter des Lebens genossen, hier aber Jean Jacques schwärmte. Die Insel hat eine starke halbe Stunde im Umfang und ist ein kleines Paradies, das ich mir vom Erbteil des Deutsch-Ordens hätte wünschen mögen, wofür ich ihm ganz Preußen gerne überlassen hätte. Die Äbte von Reichenau belehnten einst damit die von Langenstein und diese brachten sie dem Orden 1282 als *dos,* da sie das Ordenskleid nahmen. Die Natur hat hier ihr ganzes Füllhorn ausgegossen und jede nicht ganz vertrocknete Imagination muß an die Inseln der Glücklichen denken, an die Insel der Calypso, die Gärten des Alcinous und der Armide, an Ischia und die Insel von Paul und Virginie und an alle Inseln, von denen die Dichter träumten, die Seefahrer logen und Sancho Pansa und die Malteser sich wünschten. Der an den Felsen von St. Helena geschmiedete Prometheus des 19. Jahrhunderts hätte gewiß Mainau vorgezogen!

Schwärmer Jean Jacques wünschte sich eine Insel des Archipels, den er nicht hinreichend gekannt haben muß, ich zöge Mainau vor. Wenn es da weder Oliven noch Korinthen gibt, so gibt es auch keine kahle unfruchtbare Felsen – es gibt keine griechischen Profile, aber auch weder Erdbeben noch Pest – die Sprache ist nichts weniger als griechisch, aber man wohnt in der Nähe gebildeter Menschen und der Seewein im gemäßigten Klima schmeckt

Gez. v. R. Höfle

Stahlst. v. Joh. Poppel

TRYBERG

besser als Madeira, Kanariensekt, Cypern und Scios unter afrikanischer Hitze und Türkengreueln! Tavernier kaufte sich nach fünfzig durchreisten Jahren zu Aubonne an – hier zu Mainau hätte ich mich ankaufen mögen und auch können, wenn ich gleich Tavernier mit – Juwelen handelte und sich so ein Ankauf denken ließe bei einem *Otium cum dignitate of half pay…*

> *– – hic vivere vellem*
> *oblitus stultorum, obliviciscendus et illis.*

Mein lieber Horaz, der gewiß nur in übler Laune *meorum* geschrieben hat, wird diese Lesart genehmigen.

Von Staad ging ich zu Fuß nach der Insel, die mit dem Festlande mittels eines Stegs von fünfhundertsiebenzig Schritten zusammenhängt. Ich will es nicht jedem raten, diesen längsten aller Stege, der früher nicht einmal zu Beschränkung der Einbildungskraft Geländer hatte, zu wandeln, wie leicht könnte ein Brett los sein oder der Furchtsame in der Mitte Schwindel und Angst bekommen, ohne rückwärts noch vorwärts zu kommen. Frauen könnte so angst und bange werden, wie Frauen in Kindesnöten! Die Insel ist nicht im besten Zustand – der Herr fehlt – das Schloß ist leer – nichts mehr als eine Wappentafel der fünfundsechzig Komture, die hier hausten, die alten Bildnisse sind zu drei bis sechs Kreuzer versteigert worden und vielleicht hätte man selbst die Aussicht vom Balkon versteigert, wenn dies tunlich gewesen wäre! Wie verschieden von Seb. Münsterus Zeiten, der 1546 hier ein überaus lustig Leben fand – der Komtur von Hornstein »ein mächtiger Herr, der Land und Leut unter ihm und einen gewaltigen Fürstensitz hat«, traktierte aber auch gar freundlich und ehrlich und wird dem guten Münsterus im alten Seewein ritterlich zugetrunken haben. Ob wohl der gute Alte so vergnügt war, als ich beim alten Gärtner Schnetz, der jetzt den Gastwirt macht? Wir sprachen von der guten alten Zeit des Ordens bis um Mitternacht und es fehlte weder an Wein noch Felchen!

Die Mainau steht zum Verkauf aus, und nach dem gedruckten Zettel in englischer Sprache – *Beautiful property for Sale* (glaubt man bloß auf britische Käufer rechnen zu können?) enthält die Insel vier eine halbe Acre Gras- und Gartenfeld, dreißig eine halbe Acre Wiesen, dreiundfünfzig dreiviertel Ackerfeld, dreizehn einen halben Weingarten, zusammen einhundertzwei ein viertel Acres. Das Schloß ist neu, massiv, mit zwei Flügeln und einer Kirche, vielen Ökonomiegebäuden, Gärtner-, Jäger-, Wirts- und Fischer-Wohnungen. Sie hat einen Hafen mit Mole, in dem schon viele Schiffe gegen Stürme sicher ruhten und zur Ordenszeit einige Schiffe lagen mit schwarzer und weißer Ordensflagge. Sonst lebten hier hundert Menschen, jetzt etwa fünfundzwanzig. Die Insel wäre wie gemacht für eine wohlhabende Familie, die hier sich selbst nach einfacher alter Weise, leben wollte!

Der Weg von Schaffhausen nach Konstanz, der wenig Interessantes bietet, erhält solches, wenn man von Radolfzell sich nach der Insel Reichenau einschifft, die fünfviertel Stunden Länge und zweiviertel Stunden Breite haben mag. Ein Kreuz bezeichnet die Stelle, von der die Aussicht am schönsten ist, weniger groß als zu Mainau, aber nur desto sanfter und reizender, je näher alle Gegenstände dem Auge sind. Stein, der erste Schweizerort, liegt gerade gegenüber. Die Äbte von Reichenau besaßen einst ein wahres Fürstentum, fütterten eintausendsechshundert Kutten, die Kaiser besuchten sie, der Adel sandte seine Söhne in die Klosterschule und viele Klöster holten ihren Benediktiner-Samen von hier, wo man doch so weltlich lebte. Die reiche Au (Augia dives) zählte einst dreihundert Vasallen und das Sprichwort sagte, »der Abt kann nach Rom reisen und jeden Tag auf eigenen Gütern Mittag- und Nachtruhe halten!« Und diese reiche Au kam durch Schwelgerei so herunter, daß Abt Werner von Roseneck keine eigene Tafel mehr halten konnte, sondern auf einem weißen Rößli nach Niederzell ritt und beim Pfarrer speiste für Kostgeld! Auf Reichenau mögen noch eintausendfünfhundert Menschen

Gez. v. K. Corradi　　Stahlst. v. G. M. Kurz

UEBERLINGEN

leben, arm, wie es scheint, auf dieser reichen Au, was nicht nötig wäre.

St. Pirmianus stiftete das Kloster siebenhundertvierundzwanzig, das hochwichtig wurde für Deutschlands Kultur, und die Kirche ist noch vom Jahr 806. Wäre ihr berühmter Smaragd von achtundzwanzig Pf. echt und das Gebot eines Juweliers für jedes Pf. fünfzigtausend Gulden zu zahlen, Ernst gewesen, so hätte aller Not leicht abgeholfen werden können, aber die Mönche wußten wohl, daß ihr Glasfluß von derselben Beschaffenheit wäre, wie der sacro Catino zu Genua oder die große, grüne Schüssel, auf der Jesus das Osterlamm tranchierte! Die Gebeine des St. Markus, die auch Venedig haben will, sind weniger authentisch als die Gebeine Karls des Dicken. Die Mönche hatten auch einen Krug von der Hochzeit zu Kanaan, bei der gewiß kein Schleitheimer getrunken worden ist. Ich habe mehrere dieser Krüge gesehen, alle waren verschieden, folglich ist die gegenwärtige Mode verschiedener Tassen nichts weniger als neu, sondern alte Hebräer-Mode!

Wichtig durch Handschriften war einst die Bibliothek zu Reichenau, aber schon das Konstanzer Konzilium hatte die Sitte, Bücher zu leihen und nicht wieder zu geben. Diese Bibliothek war noch zu meiner Zeit eingeteilt in *Seria* und *jocosa* – *theologica* waren allein *seria,* trotz allem Jokosen, das sie vorzugsweise enthalten, wenn wir Voltaire glauben, *»la Theologie m'amuse, car j'y trouve le comble de la folie humaine«.* Alles übrige von Aristoteles bis auf Wolf waren nur *jocosa.* Da waren dann andere Bibliotheken der Klöster und geistlichen Staaten doch weiter, in *sacra* und *profana* abgeteilt und die *Sacra* wohl erhalten – *Sacrés ils sont, car – personne n'y touche!* Halem erzählt von einem Bauern, der seine Bibliothek anstarrend fragte: Is ook wat geestliches drunner, oder luder Schelmstuke? Dies war ein Bauer, aber ein Hofprediger, in dem ein kleiner Hildebrand schlummerte, schüttelte seine Wolkenperücke und stampfte mit dem Gamaschenfuße beim Anblick meiner Büchersammlung und der Werke Voltaires, Rousseaus, Diderots,

Helvet, Hume, Gibbon etc., die er alle nie gelesen hatte: »Nichts als Deisten!« rief er, »Nichts als Deisten!« Ich zeigte auf die Griechen und Römer, aber er ging hinaus und schüttelte den Staub von seinen Füßen. Dies war 1792!!

Die alte Reichsstadt Überlingen von zweitausendsechshundert Seelen liegt recht angenehm am See, in Fruchtfeldern und Weingärten mit einer schönen Kirche, gutem Hafen und Mineralbad; sie schien mir lebendiger als Konstanz. Es ist hier ein bedeutender Getreidemarkt in jeder Woche und die Bausteine sind gesucht. Der Magistrat bestand sonst aus Patriziern und Zünftlern und letztere hießen Senatoren, erstere aber – Löwen-Räte! In der Gegend ist das Sprichwort »Selbstgemacht zu Überlingen«, und dies soll von nachstehender Grabschrift herrühren: »Hier unter diesem Steinlein, liegt mein einzig Söhnlein, Josef N.N. selbstgemacht Jakob N.N. höchstbetrübter Steinmetz und Vater. Überlingen den 8. Herbstmond 1698.« Etwa ein und eine halbe Stunde entfernt liegt die vormals reiche Zisterz Salmannsweiler oder Salem, gestiftet 1137. Die Kirche ist alt, das Stift aber neu und prächtig und hier war auch ein ungeheures Faß, in dessen Spund einst einer der Mönche gefallen sein soll –

non potuit fato nobiliori mori.

Der letzte Reichsprälat, der zu Kirchberg am See starb, führte den sonderbaren Namen Caspar Oechsle!

Bodman, ein Flecken am See mit achthundert Seelen und der berühmten alten Burg der noch blühenden liebenswürdigen Familie dieses Namens soll schon palatium der Karolinger gewesen sein. Der einzige Zweig dieser Familie Johann von Bodman soll bei einem Brande 1307 von der Amme gerettet worden sein, daß sie ihn in einen kupfernen Kessel gepackt den Berg hinabkollern ließ! Zwei Stunden landeinwärts liegt Stockach und auch das alte Schloß Nellenburg, das der Landschaft seinen Namen gab. Die alte Reichsstadt Pfullendorf, die traurig am Abhang ei-

Gez. v. R. Höfle

Stahlst. v. Fr. Hablitschek

UNTER - ELZTHAL

nes Hügels an der Cellbach liegt, wird schwerlich jemand reizen, obgleich ein besuchter Jahrmarkt, und eine eigene Musikgesellschaft, auch berühmte Wallfahrtskirche vor der Stadt ist zu Mariaschrei. Im Dreißigjährigen Kriege wurde Pfullendorf hart mitgenommen, weil sie versäumten, dem Befehlshaber aufzuwarten und ihm sogar Äpfel abschlugen! Als Feldmarschall Horn durchzog, hatten sie sich eines Besseren besonnen und nun ließ Oberst Plato alle Fruchtvorräte und Kühe wegführen und nahm noch ein Douceur von fünfzig Talern!

Bei Stockach schlug Erzherzog Karl 1799 die Schlacht, welche Jourdans Franzosen die von Lipting nennen, die auch über den ganzen Feldzug entschied. Beide Teile fochten mit ungeheurer Erbitterung, Jourdan zeigte sich würdig der Tage von Wattigny und Fleurus, und Erzherzog Karl bewies jenen persönlichen Mut, der oft mehr wirkt als Kommando. Jourdan war geschlagen, machte aber nur ein *mouvement retrograde* vor der stärkeren Armee nach dem Schwarzwalde, um Verstärkung abzuwarten. Die Österreicher waren bedeutend überlegen, daher schade, daß Karl erkrankte und Mr. Jourdan so ruhig über den Rhein zog! Stockach erfreut sich auch eines ganz besonderen Privilegs, eines Narrengerichts.

Ein Fürst Österreichs soll es zum Andenken seines Narren, eines Stockacher, gestiftet haben, der dem Herzog Leopold 1315 bei dem unglücklichen Schweizerzug sagte: »Euer Gerede gefällt mir fast übel, sprecht immer, wie ihr ins Land hineinkommen wollt, denkt auch daran, wie ihr wieder herauskommt!« – Hätten doch die Generale dieser und späterer Zeit, selbst Erzgeneral Napoleon, diese Schellenkappe hören wollen! Das Narrengericht versammelte sich noch vor der Revolution an der Fastnacht, man verlas die Protokolle, wo die auffallenden Lächerlichkeiten der Umgegend verzeichnet waren, trotz der Protestation des Nellenburger Landgerichts; mit der Revolution aber hörte alles auf – nicht gerade, weil diese und andere Freuden mit ihr zu Grabe gingen, sondern weil nun der Lächerlichkeiten und Sottisen so viel wurden, daß es unmöglich fiel, sie alle zu protokollieren!

Dieses Narrengericht hatte eine akademische Einrichtung, denn die Scheidelinie zwischen Weisheit und Torheit ist schwer und *les extremes se touchent.* Der Geist der Zeit vernichtete das alte Narrenbuch und an dessen Stelle traten Journale und Literaturzeitungen, jedoch ohne den heiteren Kranz der Freude, die mit der alten Kindlichkeit und Anspruchslosigkeit auf immer entflohen ist. Unsere Alten schämten sich nicht, wenn sie einmal ihren Narren loslassen wollten, die Narrenkappe aufzusetzen, statt des ernsten Doktorhutes und waren echt humoristisch; jetzt scheinen manche Unterhaltungsblätter Humor zu finden in echten – Flegeleien und wenn sie die ihnen allein unsichtbar scheinende Narrenkappe fühlen sollten, müßte man wenigstens einige Dutzend Schellen anbringen oder eben so viele, als Aron hatte, wenn er aus- und einging im Heiligtum! Doch – Paulus ruft uns zu: »Vertraget die Narren, dieweil ihr klug seid« und wußte wohl, daß die Torheit einmal in die Menschennatur verwebt ist. Die vollständigste Narrenliste bietet die große allgemeine Welthistorie, die lange noch nicht komplett ist.

Narravere Patres nostri et nos narravimus omnes!

Gez. v. K. Corradi — Stahlst. v. G. M. Kurz

VILLINGEN

Neunundzwanzigster Brief.

Die Fortsetzung.

Einem tapferen Fußgänger wird der weiteste Weg ein Spaß in diesen herrlichen Gegenden und so wanderte ich wohlgemut längs den Ufern meines Sees nach dem alten Meersburg (Mörsburg), der Residenz der vormaligen Fürstbischöfe von Konstanz, wohin auch noch beim Sturze der Napoleoniden der letzte Bischof Dalberg flüchtete. Die Stadt klebt an einem Felsen wie ein Nest und hat viel Malerisches, ein altes, festes Schloß, ein schöneres, neues, ein stattliches Seminar und sehr lebendige Schiffahrt, Fischerei und Weinbau. Zu Meersburg begann der Pfarrer von Klösterle in Chur, oder Gaßner, 1774 seine Wunderkuren, die er zu Ellwangen fortsetzte und bald war ganz Schwaben, Franken, Bayern und Böhmen vom Teufel geplagt. Es ist ein erfreuliches Zeichen, daß die Wiederanknüpfung dieser Wunderkuren 1820 zu Bamberg nicht mehr recht gelingen wollte! Gaßner versuchte seine Scharlatanerie an mehr denn zwanzigtausend Kranken, an allen verfehlte er die Heilung und doch gingen der Welt nicht die Augen auf und alle glaubten, sie könnten doch den Teufel im Leibe haben. So schwach und leichtgläubig ist der große Haufen bei Wundern und so viel kommt dabei an auf die Zeit der Wunder!

Auf der Höhe Meersburg lockte mich die Inschrift eines Hauses »Zum Frieden« zur Einkehr und recht zufrieden pilgerte ich fort, daß ich einen unverschämten Einspänner, der nach Friedrichshafen (vier Stunden) vier Gulden forderte, entbehren konnte. Die Sonne brannte heiß, kein Schatten auf dem Wege und über dem See sammelte sich ein furchtbares Ungewitter, kaum erreichte ich Immenstaad, so brach es los. Man sieht die Türme von Friedrichshafen und glaubt den Ort näher, als er ist, denn der See macht viele Buchten, und so kam ich dennoch durchnäßt nach diesem Hafen der Ruhe. Ich hatte mir für meine Jahre diesen Tag wieder zu viel zugemutet und tröstete mich mit Friedrichs Worten: *»Il faut traiter son corps en chien.«* Den Weg verkürzte mir die Wut des Sees – man spreche ja nicht verächtlich von diesem deutschen Meere! Hatte ein junger Mann bei der Überfahrt von Mainau neben mir die Seekrankheit bekommen, so sah ich heute vom sicheren Ufer Wellen, wie die des erzürnten Ozeans, nicht mehr die schönen, grünen, silbernen, kristallhellen Wogen, die man umarmen möchte, sondern grau, schwarz, braun und haushoch. Kurpfalz hatte einst auf dem Rhein einen Fluß-Admiral und man lachte – wer wollte es den Fürsten dieses Meeres verargen, wenn sie den Hofkalender mit einem See-Admiral oder See-Minister vermehrten? Eine Seepolizeistelle für Fischer und Schiffer wäre sogar nützlich, eine gemeinschaftliche Fischerordnung und die alten Fischertage unter der Seeherrschaft Lindaus, das einst auf diesem See eine so große Rolle spielte, als Großbritannien auf dem Ozean und mancher geheime Rat in den Duodez-Monarchien!

Friedrichshafen besteht aus dem vormal. Reichsstädtchen Buchau mit tausend Einwohnern und dem Weingartener Benediktiner-Priorate Hofen, dessen stattliches Gebäude zu einer königlichen Sommerwohnung eingerichtet und verschönert ist. Zwischen beiden liegen längs dem Gestade einige Dutzend neuerbauter Häuser und dies nennt man jetzt Friedrichshafen. Aber Handel läßt sich nicht zwingen, hier so wenig, als früher zu Konstanz oder Karlshafen an der Dümmel! Mit dem bloßen Willen, wo nicht Natur und günstige Umstände wirken, läßt sich weder eine blühende Handelsstadt, noch weniger ein besuchter Hafen schaffen, und wenn man noch so viel baute und auch ein ganzes Schiff voll Heringe und Stockfische in das deutsche Meer würfe, so ließen sich doch da keine ziehen. Ein allerliebster Sommeraufenthalt aber ist dieser Friedrichshafen. – Das Schloß nimmt sich von der Seeseite herrlich aus, der Hafen ist am Schlosse und der Abhang, wo die Mönche einen der besten Seeweine bauten, ist in englische Anlagen verwandelt –. Hier ist mehr als selbst Rosenstein! Die Einwohner

Gez. v. E. Höfle

Stahlst. v. F. Foltz

WALDKIRCH

sind sehr zufrieden und mein Wirt sagte mir naiv: »Sonst hatten wir zwanzig Mönche zu Herren, jetzt haben wir nur Einen Herrn und König Wilhelm!«

Es wäre ein Wunder, wenn es dem schönen Bodensee an Klöstern gefehlt hätte, in Städten und auf dem Lande. Ich lernte in der Nähe Hofens ein zweites kennen, Löwental, wo sonst dreißig bis vierzig fromme Bettlerinnen Dominikaner-Ordens lebten, und die Namen Nonnenhahn (Nonnenhorn) und Nonnenbach zwischen Friedrichshafen und Lindau beweisen schon, daß auch hier Nonnen waren. Der ausgestreute Samen wucherte am See, wie noch jetzt gar merklich ist, und daher graute mir, als ich in französischen Blättern las, daß in der Kammer die Frage: Sollen Klöster wieder hergestellt werden? nur mit einer Majorität von zwei Stimmen abgelehnt wurde!

Man baute gerade an dem Dampfschiff Wilhelm, was eine Menge Schaulustiger herbeizog, Bayern hat bereits nachgeahmt und seinen Max Josef gleichfalls vom Stapel laufen lassen und Baden folgt zu Konstanz nach. Diese großen Dampfschiffe von 110 Fuß Länge sollen zugleich als Wasserdiligenzen gebraucht werden, werden folglich die Lebendigkeit des Sees vermehren, so wie sie dem Reisenden mehr Bequemlichkeit verschaffen. Die Direktion der Bauten hat ein Amerikaner, Sir Eduard Church. Auch die Genfer sind nachgefolgt und Jean Jacques Rousseau schwimmt auf ihrem sonst toten Meere und auf dem Rhein geht das Dampfboot der Rhein zwischen Koblenz und Köln und bald andere noch bis Mainz und Straßburg. Es wird in kurzem ein Spaß sein, binnen fünf Tagen nach der Hauptstadt der Welt zu fahren, nach London!

Es war natürlich, daß die Leute sonntags nach Friedrichshafen strömten, um ein nie gesehenes Dampfschiff zu sehen, aber sie liefen auch zusammen, um das neumöblierte Schloß zu sehen. Es schien mir ein Beweis von alter Sitteneinfalt, die noch ziemlich in Oberschwaben gefunden wird, in Hinsicht der Wohnungen und Mobilien ganz gewiß. So besahen vor fünfzig Jahren die Leute meines Vaterstädtchens in Franken die mit einfachen grünen und blauen Tapeten versehenen Zimmer des neuen Hofrats, denn tapezierte Zimmer hatte bisher nur der Fürst gehabt. Ich selbst machte auf der Post 1788 den ersten Punsch – die erste Probe meiner auf Universitäten gesammelten Kenntnisse und Aufklärung!

In diesen Gegenden sah ich an den Meilenzeigern die Stundenzahl weggelöscht. Sind sie den Leuten zu klein oder zu groß? Am See las ich die fünfundvierzigste Poststunde, von Stuttgart an gerechnet, von da nach dem höchsten Norden wieder sechsundreißig Poststunden – aber kein Reisender oder Fußgänger verzweifle – ich habe mehr als eine dieser Poststunden zu Fuß in drei Viertelstunden gemacht – Württembergische Poststunden sind das wahre Gegenstück der Schweizer Stunden, deren Ende man nicht zu erleben glaubt. Alles, was Württemberg am See besitzt, gehört in das Oberamt zu Tettnang, welches Städtchen mit seinem hochgelegenen alten Schloß man fast allerwärts erblickt. Es war der Hauptort der ansehnlichen Grafschaft Montfort und der letzte der Grafen starb 1787 in Österreich, nichts hinterlassend, als Uhren und Schulden. Die Montforte durften sich einst neben die Habsburger stellen, waren tapfere Ritter, die überall zu finden waren, scheinen aber religiöser oder abergläubischer gewesen zu sein denn andere und sich wirklich durch Stiftungen ruiniert zu haben. Sämtliche Montforte leben noch in den Bildern des alten Schlosses und in unseren Zeiten erhielt auch Hieronymus den alten edlen Namen.

Von Friedrichshafen nach Lindau sind es fünf Stunden. Der Weg zieht sich meist durch Wälder, über die Schussen und Argen ohne Brücken, über Eriskirch, Oberdorf und Nonnenhorn; links sieht man Tettnang, rechts das weit in den See hinauslaufende Langenargen mit einem alten Schloß im See. Es war Sonntag und viele Landsleute begegneten mir auf dem Wege, der langweilig ist. Die hintenaufsitzende schwarze Haube mit ausgebreitetem Pfauenschweif wollte mir nicht gefallen, schöner sind die Silberhäubchen,

Gez. v. K. Corradi — Stahlst. v. J. Richter

WALDSHUT AM RHEIN

die bei Lindau anfangen, so wie die Anstalt der Kellnerinnen. Bei Nonnenhorn ist die Grenze Bayerns, mein Mantelsack blieb unvisitiert, mein Paß wurde schnell und mit Artigkeit visiert, vom Absteigen war keine Rede und die wakkeren Bayern lassen sich nicht irre machen von dem

Notitiam Primosque gradus Vicinia fecit!

Gegen Wasserburg hin wird die Gegend freundlicher, die Seeansichten immer schöner, bis man das im Meere auf drei Inseln liegende Lindau erblickt. Wer es mit Venedig verglichen hat, kann sich nur damit entschuldigen, daß er eben Venedig – nie gesehen habe. Mit demselben Rechte könnte man Lindau selbst mit Neapel vergleichen, denn beide haben einen Hafen und Mole! Eine schöne Brücke von dreihundert Schritten, die 1817 das zürnende Meer mit sich fortriß, verbindet die alte Reichs- und Lindenstadt von etwa 3 000 Einw. mit dem Festlande und die artige, niedliche und kleine Feste erinnert an den guten Onkel Toby. Das Schönste in Lindau ist die Aussicht – überall herrlich, am herrlichsten aber von der Höhe, die Steig genannt, wo auch ein Belustigungsort ist. Französische Diplomaten legten 1808 Lindau in die Waagschale mit Genua und müssen die abgeschmackte Vergleichung mit Venedig wörtlich genommen haben. Indessen die Lage Lindaus ist einmal schöner – diesen schönen See, die grünen Berge des Vorarlberges, die schneebedeckten Alpen Appenzells hat Venedig nicht, und für diesen Anblick am Abend auf der Brücke – lasse ich ihm seine Marmorpaläste, Markusplatz und stinkenden *Gran Canale* mit allen schwarzen Gondeln und bemalten *Cortigiane!*

Lindau, ganz mit Mauern und Bastionen umgeben, ist zur Hälfte Weinberg und Garten; wäre die Stadt reich und der Verschönerungstrieb erwacht, welches Eden ließe sich hier schaffen? Das berühmte Damenstift ist jetzt den königlichen Behörden eingeräumt und die neuerbaute Kaserne hat die Inschrift: Bayerns Kriegern 1805. Auf dem Markte stehen neben der Hauptwache an einer schönen Linde, die lutherische und katholische Kirche einträchtig nebeneinander. Ich stieß auf einen sehr unscheinbaren Platz, der zu meinem Staunen das Paradies heißt, daneben ist aber ein Schwefelbad, das ich benutzte. Wandernde Handwerksburschen finden hier sehr leicht ihre Herbergen, denn mit großen Buchstaben steht geschrieben: Metzgerzunft, Schifferzunft – die stattlichste Inschrift war Schneiderzunft, und kann der Schneider nicht lesen, so ist's seine Schuld. Nach einigen Gärten zu urteilen, muß es mit dem Handel in Holz und Linnen, vorzüglich aber mit Spedition nicht übel stehen. Jede Woche geht ein Marktschiff bei gutem Winde in sechs Stunden nach Konstanz, Lindau ist aber am lebhaftesten, wenn die frommen Pilgrime nach Einsiedeln ziehen, die von hier nach Rorschach überfahren und eine kürzere Meerfahrt haben als die des Mittelalters!

Meinen Abend brachte ich recht angenehm in dem Gesellschaftsgarten auf der Mauer zu. Der Weg geht längs dem See und ich träumte mich an die Gestade des Meeres, so stark schlugen die Wellen an die Mauern; bei einem eigentlichen Sturme ist der Weg nicht zu passieren. Diese Gartengesellschaft zählt hundertfünfzig Mitglieder – viel für Lindau – und aus allen Klassen, das ist schön. Man setzte mir zu Bier und Butterbrot herrlichen grünen Käse aus Glarus, den Schabzieger vor, den ich gewissenhaft allen Liebhabern empfehlen kann. Spät ging ich nach der Stadt zurück, mich ergötzend an den weißen Mauern und der weißen langen Brücke mitten in den blauen Gewässern und unter dem schönsten blauen Himmel – die Farben Bayerns und auch der Neugriechen!

Die schwarzbraune Heidenmauer, gleich rechts am Tore, ist ein unbezweifelter Überrest eines römischen Kastells und das alte Kirchlein auf der kleinsten und dritten Insel kann wohl aus den Zeiten St. Gallus oder doch der heiligen Aurelia im neunten Jahrhundert sein. Die Stadtbibliothek enthält manche schätzbare Inkunabel und die aufgestellten Bildnisse von Männern, die sich um die Stadt ver-

Gez. v. F. Foltz — Stahlst. v. E. Willmann

WEINHEIM

dient machten, z. B. der beiden Syndici Heider, verdienten in größeren Staaten Nachahmung. Sie gehören neben die Bildnisse der Regenten, da sie in der Regel doch die Ruderer sind. Im Jahr 1538 beschloß der Rat, auf die Bibliothek, die den Franziskanern gehörte, jährlich vierundzwanzig Gulden zu verwenden in zwei geräumigen Terminen, und man machte den Anfang mit dem heiligen Augustin! Patriotische Geschenke und Legate taten das Beste, wodurch sich überhaupt unsere Reichsstädte so sehr auszeichneten, daß ich unseren konstitutionellen Staaten wohl bald gleichen Gemeingeist wünsche. Syndikus Heider, der Sohn, starb 1664, ausgezeichnet auch als reichsstädtischer Deputierter am westfälischen Friedens-Kongreß, daher ihm kaiserliche und schwedische Dienste angetragen wurden – er blieb in seinem Lindau, und ich hätte es wahrscheinlich auch getan. Sagte nicht Cäsar in einem kleinen Alpenörtchen »Lieber hier der Erste, als in Rom der Zweite?«

Das Damenstift Lindau – eine Äbtissin und zwölf Stiftsdamen – datiert vom Jahr 810, wo Nonnen von Wasserburg oder Nonnenhorn hierher vor Kriegsunruhen flüchteten, und Lindaus Bürger nahmen sie willig unter den Schutz ihrer sicheren Mauern. Bald wurde aus der Nonnensammlung ein hochadeliges Damenstift und nun fingen die Weibleins Händel mit den Bürgern an, auf deren Seite mir das Recht zu stehen scheint, denn die berüchtigte Schenkungsurkunde K. Ludwigs vom Jahr 866 hat alle Merkmale der Verfälschung. Das Damenstift lieferte jährlich an Österreich ein halbes Fuder Schirm-Wein und dafür hatte jede Äbtissin das sonderbare Recht, einen Missetäter vom Galgen loszumachen. Noch 1780 schnitt die Fürstäbtissin, der man in feierlicher Prozession ein silbernes Messer auf silbernem Tablett reichte, den Strick eines famösen Diebes ab und gab den Galgenschwengel der Gesellschaft wieder in frommer Andacht!

In dem sehr guten Gasthaus zur Krone hängt eine respektable Bombe, die mit 20 Pfund Pulver gefüllt der Schwede Wrangel 1647 nach Lindau abgehen ließ, die aber im Keller ohne Schaden erstickte. Zu Lindau lebte und schrieb auch der Mystiker und Chirurg Obereit, der Weltüberwinder, den Wieland als Pfalzgraf zum Doktor der Philosophie kreierte; und Ritter Zimmermann suchte in seiner Einsamkeit auch an Obereit zum Ritter zu werden, machte aber nur sich selbst lächerlich und sein Buch langweilig!

Von Lindau sind es eineinhalb Stunden nach Bregenz – man hat dieses Städtchen stets vor sich auf dem Wege längs dem See hin und wer möchte hier im Wagen vorübereilen? Es begegneten mir viele Landmädchen, die ihre Küchenware auf kleinen zweirädrigen Karren hinter sich herzogen, wie Kinderwärterinnen ihre Kleinen. Es fing abermals an zu regnen und nun begriff ich erst, warum hier auch der Geringste seinen Regenschirm auf dem Rücken trägt, wie eine Flinte. Ich verlangte also von der Kellnerin einen Regenschirm, bekam ihn aber nicht, bis ich sie um ein Dächle bat. So erhielt ich in einer bedeutenden Stadt Schwabens, da alles nach *Bouteillen* rief und ich scherzweise sage: »Und mir bringen Sie eine Flasche« die Antwort »Jo Herr, wir hent koi Flasche!«

Auf der Hälfte des Wegs ist die Österreichische Maut, deren Benehmen ich rühmen muß. Je näher Bregenz, desto näher kommen uns die grünen Vorarlberge mit ihren Sennerhütten – überall Holzvorräte am See, die von diesem Gebirge kommen, und vorzüglich gut nimmt sich die Prälatur Mererau aus, die leer steht; neben ihr ist ein Schwefelbad. Die sogenannte Bregenzer Klause ist zerfallen und der neu erbaute kleine Tempel auf einer vorteilhaften Anhöhe wird bald nachfolgen. Der Eintritt in die Stadt verkündet die Grenzstadt, an einem der ersten Häuser steht in drei Sprachen »Wein- und Bierhaus – Brasserie – Fabrica di Bira.« Hier beginnen auch die runden schwarzen Hütchen der Weiber, der Vorarlberg ist ganz Tiroler Natur, die Regierung zu Innsbruck und Bregenz die Kreisstadt. Mit dem Ew.Gnaden bin ich verschont worden, desto häufiger hörte ich »Gelobt sei Jesus Christ«, mit welchem Gruße meist Bettelei im Bunde steht, daher mir immer die Antwort »In

Gez. v. L. Rohbock

Stahlst. v. F. Hablitscheck

WERTHEIM

VOM MAIN AUS GESEHEN

Ewigkeit« aus dieser und aus noch triftigeren Gründen schwer fällt. Wenn ich jedoch an den Nationalgruß *Ça ira«* *»ça va«* denke, gebe ich mich zufrieden, denn dieser führte leider noch viel weiter!

Bregenz, die eigentliche Stadt am Berge ist kleiner als die Vorstadt am See, die ganz hübsch ist, und das Ganze weit lebendiger und weniger kleinstädtisch als zu Lindau. Bregenz zählt zweitausend Seelen und versieht den ganzen See mit Pfählen und Rebstöcken. In der Post auf dem Markte, der Hauptwache gegenüber, traf ich Gesellschaft, die sich freisinniger zeigte, als ich's im Österreichischen gewohnt war – man ist an der Grenze. Es war ein jovialer Landprediger darunter, der sich den Rheintaler schmecken ließ und bis an den Nabel Geistlicher war, weiter hin aber ganz schwerer Reiter mit großen Steifstiefeln und Sporen; er war aber auch lange Feldpater. Auf der Post hätten mich aber auch ohne Langeweile die munteren und schönen Tiroler Scharfschützen vor der Hauptwache unterhalten (ein Bataillon liegt hier und die anderen in Innsbruck und Trient) Ihre Hörnermusik – feierlich einzelne Töne – denn die Hand an den Hut und zwei Minuten Gebet – und die Wasser holenden Nymphen, auf die Neptun vom Brunnen herab lange nicht so freundlich und patriarchalisch sah, als ich von den Fenstern der Post unter dem Schutze des Doppeladlers.

Nirgendswo ist die Seegegend wildromantischer als hier wegen der Nähe der Gebirge, und nun der eine halbe Stunde entfernte Gebhardsberg? Entzückter saß ich als Jüngling nicht auf dem Signal zu Bougy! Und ich erkläre diesen Punkt für den schönsten am ganzen See – mehr als Lindau, Mainau, Reichenau und Konstanz! Eine Allee führt zur Kapelle des heil. Gebhardts, der im zehnten Jahrhundert Bischof zu Konstanz war und solche auf der Burg seiner Väter, die Pfannenburg genannt, erbaute. Nach dem Gemälde in der Sakristei muß die Burg bedeutend gewesen sein. In dem obersten Zimmer des Kirchners, der auch den Wirt macht, steht man auf schwindelnder Höhe, hat den

Vorgrund des Arlbergs mit seinen Dörfern, Bregenz und die wilde Bregenz, die hier überall ihren Kies sitzen läßt, zu den Füßen und vor sich den ganzen See nicht nur, sondern auch das Rheintal über Hohenems bis Feldkirchen hin – Arbon am Ufer des Sees und die schneebedeckten Alpen von Appenzell und Glarus mit dem hohen Säntis, dem Pico des Bodensees! Ich schwelgte in dieser Natur bis die Sonne sank, voll Erinnerungen an Genf, den Saleve und der Fernsicht über die Rhone, Arve, Jura, Alpen und den Genfersee mit seinen zahllosen Kampagnen!

Die Schweizer Seite zu betreten, hatte ich auch nicht das geringste Verlangen. *Point d'argent, point de Suisse!* In schwärmerischer Jugend durchkreuzte ich die Schweiz und schwärmte mit Jean Jacques zu Genève, Moitiers Travers und S.Pierre, wie mit Voltaire zu Fernay, was man mir aber zu Genf übel nahm – jetzt denke ich wie Johann, es ist ein hübsches Freudenmädchen, das zu viel besucht und durch das Geld nicht besser geworden ist. Das Vaterland der Haller, Sulzer, Geßner, Müller etc. würde mir jetzt wahrscheinlich weniger gefallen als damals, so wie Frankreich vielleicht weniger als England. Die Schweiz war nur eine Naturfestung, so lange die Armeen aus Rittergeschwadern bestanden. Arm wie Schweden und abhängig vom Nachbar wegen Getreide und Salz, wäre sie sicher freier und glücklicher im Bunde mit dem deutschen Bruder als mit Franzosen und könnte nebenbei gar manches lernen. Im katholischen Helvetien sieht es finsterer aus als vor dreißig Jahren in Bayern! Und wenn ich es mir gar als Brücke der Jesuiten nach D. denke? Pfui!

Die Schweiz ist Deutschlands Bollwerk im Süden, wie die Niederlande im Nordwesten, wenn es Frankreich gilt – beide sind deutsche Extremitäten – hier nichts als Flächen, Kanäle und Sümpfe, dorten nichts als kahle Berge und Seen, das deutsche Mutterland, zu dem beide von Natur Rechts wegen gehörten, liegt in weiser Mitte. Die Eidgenossenschaft ging schon mit den italienischen Kriegen und der Reformation unter in Parteiungen und kleinen Kantons-

Gez. v. F. Foltz | Stahlst. v. J. Umbach

ZWINGENBERG AM NECKAR

streitigkeiten, daher auch Johann von Müller nur bis dahin sein Meisterwerk zu führen dachte. Die gebietenden Mächte unserer Zeit erkannten ihre Neutralität in der Voraussetzung, daß sie ihre Naturfestung selbst verteidigen könne und werde, aber die Jahre 1798, 1802 und 1813 zeigten das Gegenteil und es fehlte eben so sehr an Einheit, als an Waffengewalt. Schweizer Treue und Schweizer Tapferkeit war einst in ganz Europa berühmt, daher die Schweizer Garden der Fürsten – Schweizer hingen fest an den reinen Sitten ihrer Väter und am Vaterlande und müssen jetzt selbst rufen: »Wieviel hat sich geändert!« Ja, beim Wilhelm Tell!, der übrigens keine fable danoise ist, wenngleich viele Umstände seines Lebens der Fabel angehören mögen – beim Wilhelm Tell! Vieles hat sich geändert! Sie rupfen die Gänse aus Schwaben und wissen auch andere Gänse gleich gut zu rupfen!

Ich hatte durchaus keine Lust nach der Schweiz, die vor mir lag, lernte aber viele Schweizer in der schönen Jahreszeit am deutschen Ufer kennen. Ihre rauhe, meineidig rauhe Gutturalsprache zerfleischte meine Ohren – ich nahm es Karl V. nicht mehr übel, daß er nur mit seinen Pferden deutsch sprechen wollte – der Mangel an feinerer Bildung fiel mir auch auf und einige, die da glaubten, nirgendswo sei schöne Natur anzutreffen als nur bei ihnen, weil da jeder Fleck gezeichnet, gestochen und gemalt sei, kamen mir recht komisch vor und wieder andere schienen mir im Gefühle der Freiheit recht – donnerschießig grob! Ich gedachte der *politesse d'un Suisse civilisé en Hollande* und an Grammonts Rätsel: Welches Tier ist dem Menschen am ähnlichsten? – wünschte mir aber einen – Schweizer Magen!

Die Kantone der Schweiz sind so getrennt, als unsere Bundesstaaten – sie sind Berner, Züricher, Luzerner, Urner, Waatländer etc. unter sich, und nur gegen den Welschen oder Deutschländer sind sie – Schweizer. Die Schweiz, weit weniger bedeutend als der vormalige schwäbische Kreis, zerfällt in zweiundzwanzig unabhängige Kantone oder Bundesstaaten, wovon einige weit weniger Seelen zählen, als unsere Mittelstädte, z. B. Uri und Zug nur vierzehntausend, Schwyz oder Glarus achtundzwanzigtausend, Solothurn, Basel, Neuchâtel, Genf sechsundvierzig bis achtundvierzigtausend Menschen, und dies kann doch wohl diejenigen Deutschen trösten, die unzufrieden sind, daß das reiche weite Vaterland noch aus achtunddreißig Staaten besteht? – Hält nicht auch der Niederländische Löwe achtzehn Pfeile in einer Pfote? Ich bleibe am Bodensee, wundere mich aber, daß die deutschen Umwohner nicht mehr Schweizernatur angenommen haben. Ich fand alles sehr billig – die Sprache zwar rauher, als in Niederschwaben, die Sitten eckiger, aber gute Menschen, einfach und alten Schlages; der kleine Mann im blauen Überrock und zu Fuße konnte nicht imponieren – und doch war alles gefällig und grüßend – sollten etwa die Augengläser? – wirkt die freundliche Natur auf die Menschen zurück? oder sind sie in gewissen Punkten größere Philosophen als sie selbst wissen, vernünftiger als Großstädter? Am Bodensee hat es mir gefallen!

Hier an diesem Göttersee war ich noch im vorigen Jahr seliger als in meiner Jugendzeit. Ich war zu Jahren gekommen, und frei, und bin der heterodoxen Meinung, daß man *caeteris paribus* im reiferen Alter mehr wahren Genuß habe als in der Jugend, wenn man nämlich sein Faß in Heiligung und Ehren und sein Kapital zu Rate gehalten hat. In der Jugend führen Melancholie und Schmerz zwar zu jenen höheren Empfindungen, die über die Erde hinaus liegen, aber nur das Alter bringt Nachdenken, Entsagung und Ruhe – die Jugend ist die Zeit innerer und äußerer Stürme! Heiter war der Himmel über mir, so lange ich am Bodensee zubrachte, und wenn der Abend nahte, die günstigste Zeit fürs Gefühl, wie für Farbenspiele und Schlagschatten der Natur, setzte ich mich an seine Ufer, ein leichter Wind bewegte den Wasserspiegel, die grünen Wellen lösten sich in Schaum – Wasservögel belebten die Gestade und Schiffe und Kähne beeilten sich die Heimat zu erreichen. Die Natur ging von dem Schönen zum Feierlichen über. Noch sah man das ferne Schweizerufer in bunter Mischung mannigfacher Gegenstände und die schneebedeckten Alpen, immer röter färbte sich das deutsche Meer, je tiefer die Sonne sank, endlich wurde es zur wahren Purpurfläche, gewiß schöner als Pharaos Purpurkleid und das rote Meer der Kinder Israel. Die Tiroler Alpen hüllten sich in Dunkelgrau, die Schweizeralpen aber warfen von ihren Hörnern die letzten Strahlen der Sonne – sie sind die weißen Rinder des Helios, deren Hörner vergoldet sind – und Nacht ruhte schon auf dem Tale und auf der Fläche des Sees. Möge uns allen so die Sonne des Lebens untergehen, vergoldend die Höhen, die über den langen Erdenschatten hervorragen! Jean Jacques letzte Worte waren: Ah comme la nature est belle!

Wahrlich, der Bodensee wäre mehr als Vater Rhein, wenn die Seeweine – Rheinweine und die großen historischen Erinnerungen nicht wären, die die Romantik des Rheins bietet, die Menschen aber scheinen mir am See – zwar weniger gewandt und helle, aber desto unverdorbener und redlicher. Nein, wir haben das Paradies nicht verloren, wie Theologen lehren, hier ist ein Teil davon, wenn auch gleich der Hauptteil in uns sein muß, und Deutschland hat mehr als ein pezzo di cielo, caduta in terra aufzuweisen. Ich bin überzeugt, Kaiser Friedrich II., der behauptete, wenn der Sokrates der Juden auf den Höhen Neapels gestanden hätte, wäre ihm das »Hebe dich weg von mir, Satan!« schwerer gefallen – hätte auf dem Gebhardsberge Gleiches gesagt, und vom Bodensee gilt, was jener Portugiese von Minho sagte »Gibt es ein Elysium auf Erden, so muß es hier sein, und gibt es keines, so verdiente es doch hier zu sein!«

Nie genießt man das Gefühl des Daseins reiner, lebhafter und jugendlicher als an einem schönen Morgen oder Abend in freier und schöner Natur und so genoß ich es hier und in Tirol und war selig.. Manchen Sturm habe ich ausgehalten, manche erbärmlichen Menschen hohen und niederen Standes, ja selbst ein vollendeter Schurke haben meinen Lebensweg durchkreuzt, aber noch ist Frohsinn, Lebenslust und Gesundheit nicht gestört, noch kein Gefühl stumpf, kein Kalus über das Herz gewachsen und wenn auch Mißtrauen, doch noch keine Menschenverachtung eingeschlichen, kaum Menschengleichgültigkeit. *Pour aimer les hommes, il faut en attendre peu!* Seit meinen Universitätsjahren entsinne ich mich nicht mehr Stolbergs Lied »Süße heilige Natur« gesungen zu haben, hier summte ich es vor mich hin, als ich die Höhen von Lindau langsam hinaufstieg und den letzten Blick auf den See warf; hier auf der *Stiege* machte ich so viele Rückblicke als einst auf der Höhe von Lausanne, da ich der Schweiz mein letztes Lebewohl brachte, gleich jenem Bedienten, der einen krummen Hals davon getragen haben wollte, aber gewiß ein gerader, ehrlicher Naturfreund war!

Wahrlich hier in diesen gesegneten Fluren, zwischen diesen Rebhügeln, malerischen Waldgebirgen und grünen kristallhellem See, in dieser ganzen üppigen animalischen und vegetabilischen Schöpfung ist das Paradies Deutschlands.

Und viele Millionen Deutscher kennen es kaum dem Namen nach? Die Mehrzahl kann nicht, aber denen, die es können, rufe ich mit Plinius zu: *nam et hoc inter crimina ingrati animi duco naturam ignorare.* Es gibt aber kein Paradies ohne Freiheit. Am Genfersee war ich Mr. le Précepteur und es änderte nichts, daß sie mich *poliment Mr. le Gouverneur* nannten. Es gibt kein Paradies ohne Freiheit und daher danke ich mit Thales den Göttern, daß ich ein Mensch und kein Vieh, ein Mann und kein Weib, ein Abendländer und kein Morgenländer, ein Deutscher und zwar ein Württemberger bin.

Zu den Illustrationen

Die Illustrationen des vorliegenden Bandes entstammen sämtlich dem Werke von Eugen Huhn »Das Großherzogthum Baden in malerischen Originalansichten...«, erschienen in Darmstadt bei G. G. Lange 1842–1850.

Den aufmerksamen Leser wird das zunächst mit Recht irritieren. Wenn schon illustriert werden soll, warum denn ausgerechnet mit diesen Stichen, die rund zwanzig Jahre jünger sind als Webers Werk (dessen Niederschrift ja zum Teil nochmals um Jahre zurückliegt)? Doch wurde diese Wahl mit Bedacht getroffen. Denn zum einen sollte dem geschlossenen Text eine gleichfalls geschlossene und stilistisch einheitliche Bilderfolge beigesellt werden – und aus Webers Lebenszeit ist uns keine Folge solchen Umfanges überliefert, die ganz Baden umfaßte. Zum anderen wäre gerade hier Purismus nicht am Platze. Denn wir müssen feststellen, daß Webers »Briefe« zwar für uns Heutige vorzugsweise antiquarischen Wert haben, indem sie einen historischen Zustand festhalten, daß aber Weber selbst sie nicht so gemeint hat. Er veröffentlichte sie als eine Art kulturell-politischen Baedeker, der keineswegs bloß im Augenblick seines Erscheinens aktuell, sondern – cum grano salis – zeitlos sein sollte. So ist es durchaus konsequent, daß die »Briefe« im neunzehnten Jahrhundert mehrmals neu aufgelegt wurden, eine dieser Auflagen sogar ausdrücklich mit (von einem Anonymus) erweitertem und aktualisiertem Text, auch mit etlichen Stahlstichen illustriert.

Übrigens hat sich damals das Bild einer Ortschaft nicht so rasch und entstellend geändert wie heute; auf den meisten der vorliegenden Illustrationen stellen sich die Orte so dar, wie auch Weber sie gesehen hat. Gelegentlich können sie einen Zustand zeigen, der zu Webers Lebzeiten noch nicht bestand, wie ihn aber die Mehrzahl seiner Leser erlebte. Das betrifft vor allem den Stich von Offenburg, auf dem eine Eisenbahn deutlich erkennbar ist: die Bahnlinie von Karlsruhe nach Offenburg wurde erst zwölf Jahre nach Webers Tod eröffnet. Mit den Dampfschiffen hingegen hat es seine Richtigkeit, die hat er auf dem Rhein (seit 1817) und auf dem Bodensee (seit 1824) noch erlebt, was auf Seite 247 amüsant geschildert ist.

In Karlsruhe vermerkt Weber die Gemäldegalerie als interessant. Ihr Direktor war damals Karl Kuntz, von dem er einige Gemälde lobend erwähnt. Als Kuntz 1830 starb, wurde der Karlsruher Maler und Stecher Karl Ludwig Frommel (1789–1863) zu seinem Nachfolger berufen.

In Frommel nun haben wir den geheimen Urheber und Promotor dieser größten Stahlstich-Serie badischer Veduten vor uns. Dabei hatte er weder offiziell noch inoffiziell damit zu tun. Angeregt und durchgeführt wurde das Werk durch den Verleger Georg Gustav Lange in Darmstadt, über den noch zu reden sein wird; Frommel hat nicht eine Vorzeichnung dazu geliefert, er hat keines der 154 Bilder gestochen. Und dennoch!

Dazu müssen wir uns ein wenig der Frühgeschichte des Stahlstiches zuwenden. Er war der geglückte Versuch zur Lösung eines Problems, das seit jeher die reproduktive (Druck-) Graphik beschäftigte, nämlich die mühsam bearbeitete Druckplatte durch eine möglichst hohe Zahl von Abdrucken auszunützen. Eine radierte Kupferplatte lieferte um 600, eine gestochene Kupferplatte durchschnittlich tausend bis 2000 gute und dann noch um 2000 minderwertige Abdrucke. Dann war die relativ weiche Kupferplatte abgenützt. Für den gestiegenen Bedarf und die höheren Auflagen im 19. Jahrhundert reichte das bei weitem nicht mehr aus. Diesem Mangel half nun die Erfindung des Stahlstiches ab.

Der englische Kupferstecher Charles Heath (1785–1848) erfand eine Methode, Stahlplatten auf technischem Wege weich zu machen, so daß der Stecher sie bearbeiten konnte – sei es »trocken« mit dem Grabstichel oder »naß« mit Radiernadel und Säure wie bei der Radierung. Nach Bearbeitung wurde sie wieder gehärtet und konnte nun eine fast unbegrenzte Auflage von Abdrucken liefern, und das bei einer unvergleichlich feineren Strichführung als beim Kupferstich.

Abgesehen von technischer Perfektion bot der Stahlstich auch neue Möglichkeiten künstlerischer Gestaltung. Jede Zeit sucht und gebraucht die ihr angemessen scheinenden künstlerischen Techniken, und wenn die vorhandenen nicht ausreichen, erfindet sie neue, um das auszudrücken, was gesagt oder gezeigt werden soll. Die erste Hälfte des 19. Jahrhunderts war die Zeit der Romantik und des Biedermeier; Empfinden und Gemüt spielten eine große Rolle. Und so brachte diese Zeit zwei neue Illustrationstechniken hervor: die Lithographie und den Stahlstich, die beide besonders gut Stimmungen wiederzugeben vermögen. Der Stahlstich kann (wie die Radierung) durch verschieden starkes Ätzen, also durch unterschiedlich langes Einwirken der Säure auf die Stahlplatte, den Vordergrund kräftig wiedergeben und zum Hintergrund und der Ferne hin immer feiner werden; durch die unglaublich feine Strichführung nimmt der Betrachter des Stiches kaum mehr die einzelnen Linien wahr, sondern nur noch ihre Summe als flächige Tönung; eine ganz eigene Wirkung bekommt der Stahlstich noch dadurch, daß er Hell-Dunkel-Tönungen (insbesondere des Himmels und der Wolken) nicht durch Kreuzschraffuren, sondern nur durch An- und Abschwellen einfacher durchlaufender Striche erzielt. Es ist kein Zufall, daß die schönsten Stahlstiche, die es überhaupt gibt, Stiche nach Landschaftszeichnungen des englischen Malers William Turner sind, des Meisters des stimmungsvollen Landschaftsbildes, des Malers von Atmosphäre und Licht.

Zunächst war der Stahlstich eine wohlgehütete exklusiv englische Kunst. Auf dem Kontinent setzte alsbald ein eifriges Spionieren nach den Werkgeheimnissen der Engländer ein. Wer das wirklich gründlich machen wollte, mußte selbst nach England gehen. Und das tat auch Karl Ludwig Frommel, der 1824 nach London reiste, um den Stahlstich zu erlernen. Ein Jahr später kehrte er nicht nur mit vielen neuen Kenntnissen und Fertigkeiten zurück, sondern er brachte auch eine Stahlstichpresse und einen Stahlstecher mit, seinen Freund Henry Winkles. Alsbald gründete er in Karlsruhe ein Atelier für Stahlstich, das bedeutenden Zuspruch fand. Es war dies keineswegs nur eine Stecherwerkstatt (später hieß eine solche Werkstatt »Artistische Anstalt«), sondern zugleich eine Kunstschule, aus der zahlreiche bedeutende Stahlstecher hervorgingen wie zum Beispiel Franz Abresch, Louis Hoffmeister, Eduard Willmann und Johannes Poppel, der seinerseits wieder zahlreiche Stahlstecher heranbildete. So war Karlsruhe zunächst das Zentrum des Stahlstiches in Deutschland; die bald aufblühenden weiteren Zentren Leipzig, München und Nürnberg rekrutierten sich zum großen Teil aus Schülern und Enkelschülern Frommels. So ist es gar nicht zu verwundern, daß von den Illustrationen des Huhn-Langeschen Werkes, das uns hier beschäftigen soll, mehr als die Hälfte von Schülern und Enkelschülern Frommels gestochen sind.

Die deutschen Stahlstecher und ihre Auftraggeber und Verleger waren verhältnismäßig unbekümmert im Übernehmen und Nachstechen fremder Vorlagen. Auch Frommel macht da keine Ausnahme. Hingegen entwickelte der Verleger und Drucker Georg Gustav Lange den Ehrgeiz, keine fremden Vorlagen zu verwenden, sondern nur nach eigens in Auftrag gegebenen Zeichnungen stechen zu lassen. Selbstbewußt fügte er denn den Titeln zahlreicher seiner geographischen Bildbände das Attribut »Originalansichten« hinzu. 1831 hatte er als Neunzehnjähriger in Darmstadt eine Buchhandlung eröffnet, schon im folgenden Jahr begann er mit der Herausgabe seines Hauptwerkes »Originalansichten der vornehmsten Städte in Deutschland...« Zahlreiche weitere Werke folgten, darunter »Der Rhein und die Rheinlande, dargestellt in malerischen Originalansichten«, »Das Großherzogthum Hessen in malerischen Originalansichten« und auch unser »Das Großherzogthum Baden in malerischen Originalansichten«. Ganz original waren sie übrigens insofern nicht immer, als Lange für diese verschiedenen Regional-Bildwerke immer wieder Platten aus seinem Deutschland-Hauptwerk verwandte. Wegen der Fülle und Reichhaltigkeit seiner geographischen Bilderbücher hat man Lange gelegentlich den Merian des 19. Jahrhunderts genannt, und das sicher nicht ganz zu Unrecht. Freilich sind die beschreibenden Texte dazu nicht so kosmographisch umfassend wie Martin Zeillers Texte für Merian. Die Bilder waren die Hauptsache, der Text sollte nur feuilletonistisch begleiten. Diese Stahlstichbücher entstanden nicht auf die übliche Weise, daß ein Autor sein Manuskript dem Verleger anbot, und anschließend noch Illustrationen beigefügt wurden, sondern der Initiator war der Verleger – er machte den Plan, er schickte die Maler oder Zeichner aus, um Motive festzuhalten, er verschickte die Zeichnungen an die einzelnen Stahlstecher, er beauftragte schließlich irgendeinen Literaten mit dem Schreiben des Begleittextes. Das konnte ein bedeutender Schriftsteller sein wie z. B. Gustav Schwab bei den »Wanderungen durch Schwaben«, oder (häufiger) ein unbedeutender wie in unserem Falle Eugen H. Th. Huhn, der eigentlich Jurist und Verwaltungsmann war, sich auch topographisch-landeskundlich betätigte und gelegentlich dichtete. Lebensdaten und nähere Lebensumstände ließen sich von ihm nicht ermitteln.

Die Zahl der beteiligten Künstler ist erstaunlich hoch: 19 Maler und 20 Stecher – wobei jedoch sechs Zeichner sich zusätzlich als Stecher betätigten, so daß wir eigentlich 26 verschiedene Stecher zählen müßten. Die Gründe dafür liegen auf der Hand: Offenbar haben Konrad Corradi (39 Zeichnungen) und Richard Höfle (52 Zeichnungen) in festem Auftrag für Lange das Land bereist und systematisch gezeichnet; die übrigen waren meist lokale Künstler und wurden gezielt angegangen wie z. B. Schwartz mit drei Ansichten des Freiburger Münsters oder Pozzi mit elf Bildern von Karlsruhe, Mannheim und Schwetzingen (er lebte in Mannheim), oder es wurden sonstige Beziehungen ausgenützt, etwa bei der Ansicht vom Taubergrund, für die einer von Langes Brüdern, der Architekt Ludwig Lange, die Vorzeichnung zur Verfügung stellte.

Der Stich der Bilder mußte auf viele Stecher verteilt werden, weil das Stechen der Stahlplatten sehr mühselig und langwierig war. Daher ist hier das Verhältnis ausgewogener. Mit 26 Stichen hat Johann Poppel die meisten geliefert, dann folgen neun Stecher mit je um zehn Stichen, schließlich noch sechzehn weitere mit Kleinaufträgen zwischen einem und sechs Stichen. Die Stecher sind auffällig regional gestreut. Im Gegensatz zu England und Frankreich, wo die Hauptstädte London und Paris die absoluten Zentren des Stahlstiches waren, war im politisch uneinigen Deutschland auch die Kunst des Stahlstiches dezentral. Und so wurden die 154 Stiche unseres Werkes in etwa zehn verschiedenen Orten gestochen: in Karlsruhe und Darmstadt, in Nürnberg und München, selbst in Frankfurt und Leipzig, und noch einige wenige in kleineren Orten.

Durch diese große Zahl von Künstlern ist natürlich eine Vielzahl verschiedener persönlicher Stile vertreten, die dem aufmerksamen Betrachter bald auffallen werden – nicht nur Stile der Zeichner, sondern auch der Stecher. Doch finden sich auch verbindende Elemente, zum einen der »Haus«-Stil der Lange'schen Anstalt (schließlich hat Lange ja die Zeichner und Stecher nach seinem eigenen Geschmack und Gutdünken ausgewählt); bei den Erzeugnissen des Lange'schen Verlages finden wir weiterhin objektiv-naturalistische Landschaftsbilder, ausgesprochen weiche und warme voll-romantische Darstellungen in der Turnerschen Art suchen wir bei Lange vergeblich. Und außerdem stammt die Mehrzahl der Stiche direkt oder indirekt aus der Frommel-Schule, es sind also auch von daher gemeinsame Züge zu erwarten. Der Frommel-Schule wurde ja schon ausdrücklich ein eigener, der nazarenischen Richtung nahestehender Zug nachgesagt.

Von den insgesamt 154 Stichen des »Großherzogthum Baden in malerischen Originalansichten« wurden in den vorliegenden Band 70 aufgenommen. Zum Teil sind sie in Originalgröße wiedergegeben, die übrigen sind geringfügig vergrößert. Erschlossen werden sie durch ein Ortsregister und durch eine Übersicht der beteiligten Künstler. Es sei noch darauf hingewiesen, daß beide Register nur die hier wiedergegebenen 70 Stiche berücksichtigen; wir glauben, mit dieser Beschränkung die Benutzbarkeit vereinfacht und dem Bedürfnis nach einem Insich-geschlossen-Sein (das im Grunde jedem Buch innewohnt) entsprochen zu haben.

Rudolf Henning

Verzeichnis der Abbildungen, Ortsregister

In der Klammer sind die Künstler angegeben in der Reihenfolge: Maler bzw. Zeichner/Stecher

Aach (Corradi/Kurz) 7
Baden-Baden, Gesamtansicht (Höfle/Poppel) 27
Baden-Baden, Ebersteinburg (Schönfeld/Poppel) 29
Baden-Baden, Schloß Eberstein (Höfle/Poppel) 31
Baden-Baden, Altes Schloß (Schönfeld/Poppel) 33
Baden-Baden, Trinkhalle (Höfle/Poppel) 35
Badenweiler (Corradi/Umbach) 1
Birnau (Neubirnau(Corradi/Poppel) 15
Bodman (Corradi/Riegel) 19
Bonndorf (Corradi/Rohbock) 23
Breisach (Altbreisach) (Höfle/Rohbock) 39
Bronnbach a. d. Tauber (Rohbock/Foltz) 43
Bühl (Corradi/Kurz) 49
Donaueschingen (Corradi/Höfer) 53
Ebersbach (Foltz/Höfer) 57
Ettlingen (Hoffmeister/Hoffmeister) 61
Freiburg, von oben (Höfle/Richter) 65
Freiburg, Münster (Schwartz/Poppel) 69
Gengenbach (Corradi/Wagner) 73
Gernsbach (Corradi/Knockel) 77
Guttenberg (Willmann/Umbach) 81
Heidelberg, Totalansicht (Wolf/Riegel) 85
Heidelberg, von der Nordseite (Willmann/Willmann) 87
Heiligenberg (Corradi/Foltz) 2
Hohenkrähen (Corradi/Kurz) 91
Hohentwiel (Höfle/Riegel) 95
Hornberg (Höfle/Hablitschek) 99
Kandern (Corradi/Kurz) 103
Karlsruhe, Kath. Kirche (Pozzi/Poppel) 111
Karlsruhe,Marktplatz (Pozzi/Poppel) 107
Karlsruhe, Rondell (Pozzi/Richter) 109
Karlsruhe, Residenzschloß (Pozzi/Huber) 113
Kehl (Corradi/Höfer) 117
Kenzingen (Höfle/Poppel) 121
Konstanz, von der Seeseite (Höfle/Kurz) 125
Lahr (Corradi/Poppel) 129
Laufenburg (Lange/Rohbock) 133
Lörrach (Corradi/Richter) 137
Ludwigshafen am Bodensee (Corradi/Umbach) 141
Mainau (Höfle/Richter) 145
Mannheim, von der Rheinseite (Kolb/Kolb) 149
Mannheim, Freihafen (Pozzi/Poppel) 151
Mannheim, Marktplatz (Pozzi/Kolb) 153
Meersburg, von der Seeseite (Corradi/Poppel) 157
Müllheim (Corradi/Poppel) 161
Neckargemünd (Foltz/Umbach) 165
Neckartal mit Hirschhorn (Höfle/Poppel) 169
Offenburg (Corradi/Wagner) 173
Pforzheim (Corradi/Knocke) 177
Radolfzell (Höfle/Umbach) 181
Rastatt (Corradi/Umbach) 185
Reichenau (Höfle/Umbach) 189
Säckingen (Lange/Hablitschek) 193
Sankt Blasien (Höfle/Umbach 197
Sankt Märgen (Höfle/Hablitscheck) 201
Sankt Peter (Höfle/Thümling) 205

Schluchsee (Höfle/Foltz) 209
Schwetzingen, Moschee (Pozzi/Buhl) 213
Sponeck (Höfle/Riegel) 217
Stockach (Corradi/Umbach) 221
Taubergrund, von Miltenberg aus (Lange/Riegel) 225
Triberg (Höfle/Poppel) 229
Überlingen (Corradi/Kurz) 233
Unter-Elztal (Höfle/Hablitscheck) 237
Villingen (Corradi/Kurz) 241
Waldkirch (Höfle/Foltz) 245
Waldshut (Corradi/Richter) 249
Weinheim (Foltz/Willmann) 253
Wertheim (Rohbock/Hablitscheck) 257
Zwingenberg am Neckar (Foltz/Umbach) 261

Verzeichnis der Künstler

M = Maler oder Zeichner, St = Stecher

Buhl, Jakob Ludwig (1821–1880), Schüler Frommels. St
Corradi, Konrad (1813–1878) M
Foltz, F. (tätig um1830–1860) M und St
Hablitscheck, Franz (1824–1867), Schüler Poppels, St
Höfer, E. (tätig um 1830–1850) St
Höfle, Richard (tätig um 1850) M
Hoffmeister, Louis (tätig seit etwa 1832), Schüler Frommels. M und St
Huber, H. (tätig um 1850) St
Knocke, W. (tätig um 1850), vermutlich Engländer. St
Kolb, Joseph Maximilian (tätig seit etwa 1840/50), Mitarbeiter Poppels. M und St
Kurz, Georg Michael (1815–1883), Mitarbeiter Poppels. St
Lange, Georg Gustuav (1812–?) Buchhändler, Verleger
Lange, Julius (1817–1878), Bruder G. G. Langes. M
Poppel, Johann (1807–1882), Schüler Frommels. St
Pozzi, Jacques (oder Giacomo, 1814–1897) M
Richter, Johann (1823–?) St
Riegel, Jobst (1821–1878), Schüler Poppels. St
Rohbock, Ludwig (um 1825–?) M und St
Schönfeld, Heinrich (1809–1845) M
Schwartz, B. (tätig um 1840–1850) M
Thümling, L. (tätig seit etwa 1835) St
Umbach, Friedrich Julius (1815–1877) St
Wagner, E. (tätig um 1850) St
Willmann, Eduard (1820–1877), Schüler Frommels. M und St
Wolf, Max (1824–1901) M